智元微库
OPEN MIND

成长也是一种美好

当下与中正

决策心态管理

汪 滔

著

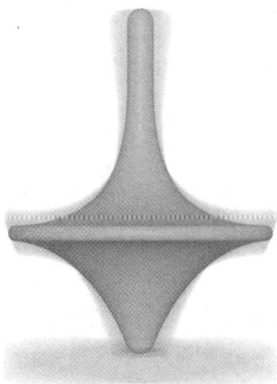

人民邮电出版社

北京

图书在版编目（CIP）数据

当下与中正：决策心态管理 / 汪滔著. -- 北京：
人民邮电出版社，2025. -- ISBN 978-7-115-65891-3

Ⅰ．C934-49

中国国家版本馆 CIP 数据核字第 2024GU9197 号

◆　　著　　汪　滔
　　责任编辑　张渝涓
　　责任印制　周昇亮

◆人民邮电出版社出版发行　　北京市丰台区成寿寺路 11 号
　邮编 100164　　电子邮件 315@ptpress.com.cn

　网址 https://www.ptpress.com.cn

　天津千鹤文化传播有限公司印刷

◆开本：880×1230　1/32

　印张：7.25　　　　　　　　　　　2025 年 3 月第 1 版

　字数：127 千字　　　　　　　　　2025 年 8 月天津第 2 次印刷

定　价：59.80 元

读者服务热线：（010）67630125　印装质量热线：（010）81055316
反盗版热线：（010）81055315

推荐序

我和汪滔博士多年前在上海交通大学第一次相遇后，一起对期货交易做了大量的探索。我们定期见面，探讨与市场和交易相关的事，也一起调研，去东北调研过玉米和大豆，去新疆调研过棉花，去江苏调研过钢厂。其间，对于期货交易，我们进行了很多探讨，在该方面的很多理解都相当一致。在本书中，汪滔博士也多处进行了准确的描述，比如对第一手信息的调研、确定性、风控和耐心等。

我注重对商品的基本供需关系的研究，经常在各地实地调研，了解现货市场状况，寻找期货市场的交易机会，我持仓的信心来自对市场的了解。我认为，公开的信息不能不信，也不能完全相信，需要去伪存真。收集信息则需要亲自调查，再将调查与对心理的分析相结合。

在期货中，大部分人想要赚钱，就得靠确定性。如果没有确定性，仓位就不好控制。如果看错了趋势，哪怕是轻仓，也会巨亏。所以只有把趋势确定下来，才能控制仓位和风险。如果你确定行情乐观，就可以适度放大仓位；如果你确定某个品种在未来一定会下跌，只是短期内，出于对人性等复杂因素的考虑，可能继续涨一段时间，或者可能还需要一段时间等待矛盾的积累，然后爆发，你就可以轻仓。降低仓位可以加大容错率，这个"错"不是根本性的错，而是在开仓后，短期内行情的走势不符合你对未来的预期。这样一来，就算你拿着单子，心里也不会发慌。

此外，一定要有耐心，耐心在投资中非常重要。大部分人都是败于没有耐心，不动鼠标就手痒。手痒的一个表现是，看着这个品种有行情，那个品种也有机会，跌停了就想着自己怎么没做空，涨停了又想着怎么昨天忘了买一手……在行情的一涨一跌间总是手痒。投资中切忌急于求成，不要梦想着一夜就变成百亿富翁；更不要在亏了钱以后，着急上火，急于翻本。无论遇到了什么情况，我们都要先静下心，确保拥有足够的耐心，尤其在我们不太顺手的时候。

在投资过程中，人性的贪婪与恐惧常常成为最大的威胁。在期货市场中，这种情绪的波动尤为明显。因此，投资者需要学会管理自己的情绪，避免在市场的波动中迷失方向。

本书从心态和情绪的角度探讨了我们应如何提高决策水平，期货市场是一个很好的应用领域，为汪博士的论述提供了很多事例和佐证。当然，这本书论述的决策管理方式可以被扩展至更广的领域。希望各位读者在阅读本书后，可以在各个领域提高决策水平，提升工作和生活的效率！

傅海棠

2024 年 11 月

从投资决策中的感悟说起

"草根"① 交易员为何能成为顶尖高手

自从我离开投资银行来到高校工作，教授的身份使我得以深入接触内地顶尖的"草根"交易员。我发现他们的风格和机构交易员有着显著的不同，机构交易员或基金经理能把收益率稳定在 10% 就已经不错了，但"草根"交易高手却能取得高达十几倍甚至几百倍的收益率。

---

① 这里的"草根"提法其实充满敬意。机构交易员拥有大量的资源，从信息到 IT 系统再到资金实力等方方面面的优势太多，"草根"交易员却能够在没有太多资源的背景下，获得高一个层次甚至数个层次的收益。

起初，我对他们充满了好奇。《黑天鹅》（*Black Swan*）一书的作者纳西姆·尼古拉斯·塔勒布（Nassim Nicholas Taleb）还写过《随机漫步的傻瓜》（*Fooled by Randomness*）。他说，随机性在生活与投资中无处不在，成功的投资者在介绍自己的成就时，会讲出深刻、有说服力的见解，但他的成功实际上可能仅仅是靠运气。于是我开始思考这些所谓的传奇大佬的成功，究竟是因为他们拥有过人的技能，还是仅仅是运气使然。令人疑惑的是，我所接触的这些交易高手，他们并非只成功一次，而是常常能让收益率高达百分之几百甚至百分之几千。因此，我花了大量的时间和他们交往与深入交流。后来，我确信他们中有一些人并非靠运气，而是确实有特殊的能力。投资如同爬山，普通人是沿着蜿蜒的盘山路缓缓而上，但是因为盘山路充满艰难险阻，所以大部分人都到达不了山顶。神奇的是，这些高手却能够沿着最危险的峭壁直接爬上山顶，获得神话一般的回报率。

我发现他们身上都有一个共同的特点，这也许就是他们能在刀光剑影的投资江湖里长期制胜的关键因素之一。我自己也在长期的实践中，对这个世界有了更多的体验和认识，同时也对投资成败的关键有了不一样的认识。传奇期货大佬葛卫东说过，我们的判断，仍是基于事实和数据这两个基本维度，而我们参与的这场游戏，却是在情绪的第三维和梦想的第四维上展开的。①

他们能成为顶尖交易高手的重要原因，很可能是在情绪和心态管理上具有优势，不管这些优势是来自天赋，还是来自后天的不懈努力。

然而世人，包括很多交易者对这一点认识不足。我的一个学生是一位从事实业的高管，对投资很有兴趣。他在选课目录上看到我的一门课——《情绪管理和投资决策》，便不屑一顾地说："情绪管理难道不是一个成年人最应该具备的基本能力吗？这种课还需要学吗？真是可笑！"大家听完哄堂大笑。

在投行生涯和大量交易的真实体验中，我深深意识到在市场里的每一次艰难抉择中，真正的生死命门都是情绪和心态。对我来说，它们才是把人提升到一个新的维度的关键因素。我们在平静无澜的时候能清晰思考和使用平日习得的知识，

---

① 葛卫东这句话的主要用意是指在行情走势远超事实和数据驱动的情况下，情绪和梦想等超越传统理性范畴的动力，才是真正的驱动力。而根据我对情绪与交易的理解，除了要明白市场情绪在走势中的影响，也要充分把握个人的情绪。

然而，一旦进入实际的决策环境，比如在亲手操盘的关键时刻，也许就会变得像一只蚂蚁，被看不见的因素拿捏，被操控、把玩，无可逃脱……投资者容易受到恐惧和贪婪等情绪的影响，导致冲动决策，最终归于失败。我深知这种纠结和痛苦，但我也相信，情绪可以被理解、释放和管理，从而成为我们的力量源泉，而不是绊脚石。

情绪管理的价值在投资和其他商业领域远远没有被提升到它应有的高度。本书将介绍、分析一些实用的管理情绪和心态的练习方法，以帮助大家更好地理解在动荡的投资环境中如何做出明智的决策。情绪管理和决策对于一个人的成功和幸福具有根本性的意义，因为人生就是一系列的决策，我们现在的处境是过往决策的结果。

从博士到交易员的尴尬转变

在美国麻省理工学院拿到博士学位、即将毕业之际，我决心回国发展，进入高校从事教育工作。当时我有两个方案：一是工作一段时间，先积累在美国工作的经验再回国；二是立刻回国。我分别拿到了清华大学、摩根士丹利的工作邀请。

也许命运的齿轮在那个时刻就已经悄然转动，本来我已决定去清华大学任教，但就在签合同的前一周，两位在摩根士丹利职位颇高的麻省理工学院中国校友来学校招聘，他们中的一位是亚洲固定收益部的负责人，另一位则是全球利率期权交易台的负责人，管理着数万亿美元名义本金的资产。他们仅和我通了两次电话，就给了我前台交易员的录用通知书。要知道我的专业属于理工科，在摩根士丹利，理工科博士涉及的岗位一般都在中后台，比如风控或者量化分析，而给我的这个工作却在前台。朋友们都说华尔街的前台交易员岗位极难获得，这是老天爷赏饭吃了。

我也开始对这个从未钻研过的领域充满了挑战欲。尽管完全不清楚这个岗位具体的工作内容，但我还是很快就在工作录用通知书上签了字。参加完麻省理工学院的毕业典礼，我来到摩根士丹利（香港）就职，主要工作涉及外汇和利率衍生品交易与产品设计。

我走出平静的象牙塔，坐上了刺激的过山车。

我签约摩根士丹利时，公司给了我一笔大约 4 万美元的签约费，这对当时的我来说无疑是一笔巨款。我将支票存入麻省理工学院附近的一家小银行。记得当时帮我存款的柜员是一位老太太，她看了下支票，抬头瞥了我一眼，说"Lot of money"，那眼神我至今还记忆犹新。我拿出其中的 1/4，即 1 万美元去做期权尝试，结果在 1 个多月内就全部亏光了。真是尴尬。

当我正式入职，准备开始我那骄傲的交易员工作时，领导们让我接触一下即期美元日元交易。于是我做了很多功课，当时我的状态就像王国维在《人间词话》中讲到的第一重境界——"昨夜西风凋碧树，独上高楼，望尽天涯路"①。我深信自己的知识、自己的思考、自己的规划，深信自己能够看清一切、把控一切，成竹在胸。结果，我遭遇了尴尬。到了实战交易时，盘中价格突然逆跌，我一下子慌乱了，原来想好的交易计划都用不上了，重新交易却发现价格脱离了预期，我一下子手忙脚乱。当天就这样在晕头转向、浑浑噩噩中度过了。现在回想那时的我，就像一只进错了山洞的麋鹿，在陌生的山洞里撞得头破血流。我曾以为自己掌握了大量知识，

---

① 后面第二、第三重境界分别是："衣带渐宽终不悔，为伊消得人憔悴"和"众里寻他千百度，蓦然回首，那人却在，灯火阑珊处"。

但事先的充分思考、准备的缜密计划都没有了踪影，一个小小的价格涨跌，就能让我内心七上八下，怀疑原来的决策。过去一切尽在掌握中的感觉没有了，简单又清晰的底层模型不见了，每一刻遇到的都是事先没有想到、理论无法解释的"意外"情况，再加上各种贪婪或恐惧情绪的干扰，原来的思考、计划全部被碾压成碎片，我方寸大乱。

更夸张的是接下来正式进入交易室后的工作。交易室里使用一种特殊的电话，几十条电话线可能同时响起，各种交易经纪商在叫嚷，其他交易员同事也在叫嚷，一片嘈杂中，各种信息同时涌来，有粤语，有夹杂着粤语口音的英语，有大洋洲口音的英语……我连话都听不清，却必须迅速反应，并承担巨大盈亏的责任。在这样的岗位上、这样的环境里，需要一种与多年学术生涯完全不同的思维方式。读博士时的学习就像"研究马尾巴的功能"，在一个很小的点上想得很深、很系统，严格地推理，提供可靠的证据。然而，在交易员这样一个工作岗位上，却需要眼观六路、耳听八方，觉察来自各方面的信息，不能想得太多，否则就错过了时机。

当时我们交易台的负责人，对我的博士背景甚是担忧，他意味深长地问了我一个问题："如果邻居家突然着火，你应该怎么办？"我开始思考为什么邻居家会着火，是电线短路了，还是煤气泄漏，或是猫碰翻了蜡烛？应该怎么救火？是否先救人？结果负责人说了一句："愚蠢！当然是跑！"我一脸尴尬。是的，做交易的时候应该关注当下的环境，在当下做出最及时的反应，而不是思考太多为什么。在交易中，过多的思考可能会反过来成为"知识障"①。

冥想挽救了我

我与冥想的缘分发生在我博士毕业前。毕业前收到摩根士丹利的正式录用通知后，我放下了找工作时的焦虑，集中精力撰写博士论文。一天，我开车回家时瞥见一块小小的广告牌，内容是关于一项冥想实验，每小时会有 20 美元的补贴。我这辈子很少能够一眼记住某样东西，那天真是鬼使神差，我居然记住了那个电话，这改变了我命运的走向。我想，世上没有事情是偶然的。

第二天我就打电话过去，咨询关于冥想实验的情况。他们问

---

① 知识如果成为教条，会干扰我们看清当下的现实，影响有效决策。我们姑且把这种情况称为"知识障"。

我是否接触过冥想，我回答说没有。他们又问我的职业是什么，我告诉他们我是学生，在麻省理工学院主修系统工程，然后他们说："好，你来吧！"

主持这个实验的是哈佛大学教授、知名心脏病学家赫伯特·本森（Herbert Benson）博士。他发起了对放松反应（relaxation response）的一系列研究，这些研究是美国国立卫生研究院（NIH）的前沿身心研究。美国国立卫生研究院从 1992 年开始正式成立了替代疗法办公室，对身心研究已经持续投入了大量的经费。本森教授最擅长心脏搭桥手术，让他无奈的是，即便他做过的这些手术都非常成功，很多病人在三四年后仍然会返回医院。他发现人的心理和情绪是其中非常重要的因素，简单的物理手术并不能从根本上解决问题。为了从心理上降低压力，帮助人们提高健康水平，本森教授开始研究冥想，他前往中国、日本和印度等地，花了多年时间，提炼了冥想方法的精髓，以引发人们的放松反应，从而对健康产生积极影响。我参与的冥想实验是本森博士课题研究的一部分，我是他们的一个样本，一只"小白鼠"。

实验在美国麻省总医院的诊室进行，当时的架势让我吃了一惊：实验人员在我的头部和肢体上接上了各种电极，以监测我的脉搏、血压、手心出汗量、前额头皮紧张程度等生理反应；在我嘴巴上套一个呼吸罩，以监测我呼出的气息中二氧化碳和氧气的比例，以及氮气含量；在我臂肘前区静脉插了一个针头，每隔半分钟抽一滴血，以监测我血液中的激素变化。后来我才明白，这套庞大的系统其实算是一个功能完备的测谎仪，能够准确捕捉到因紧张等原因导致的生理变化。准备好后，实验人员给我戴上耳机，让我听半个小时录音—— 一位哈佛大学生物化学女教授的讲课录音。根据我研修系统工程的背景，他们有意挑选了这段录音，我什么都听不懂。他们记录下我听录音时的生理反应数据，作为没有学习冥想前的基础对照。

之后，他们开始教我如何冥想，每周进行一次面对面指导，总共进行 10 周的学习。跟着他们提供的录音，我每天需要练习两次，早晚各一次。初学冥想的主要反应是昏沉，只要一听录音开始冥想就昏沉睡去。没想到，正是这点后来在关键时刻助我渡过难关，引发我更广阔、更深刻的探索。10 周冥想学习之后，我又回到麻省总医院那个诊室，又是接上电极、戴上呼吸罩和每隔半分钟抽一滴血。这次测试时，我跟随冥想录音进行冥想，他们记录下我的生理指标，和第一次的基础对照数据进行比较，使之成为"放松反应对身体健康的意义"研究项目的一个样本点。

参加完冥想实验后不久，我博士顺利毕业，进入摩根士丹利开始工作。在美国纽约见习 3 个月后，又到日本见习 3 个月，然后回到中国香港正式开始工作。由于刚入职时的繁忙和动荡，我没有继续坚持冥想。

从学术环境中出来的博士直接转型为前台交易员，我所面临的挑战是做梦也无法想到的。投行交易前台给每个人的压力都是巨大的，老交易员开口闭口都在骂人，每天从早上骂到晚上，新来的人和中后台人员成了出气筒。后来，我逐步理解了这是"烫山芋效应"，他们压力太大，任何一个他们见到的人都是他们把心中的烫山芋扔过去的对象。在每天被"欺凌"的环境中，每一个新员工都压力巨大。

在各种压力下，我感到适应困难。因多年待在学校，我缺乏实际生活的常识，书呆子气较重，学习实务较慢。直属经理和老板们逐渐对我丧失了耐心，我每天都被严厉批评。看着领导们的不信任和失望的态度，我明白我面临着切实的职场生存危机。我一直学业优秀，在同龄人中一直是学霸，这种生存危机是我进入职场前无法想象的。和我一起入职的一位同事，工作两个月就被解雇了。她是美国名校 MBA 应届毕业生，本科毕业于清华大学。在重大的压力下，我开始进入高亢的状态，白天精神亢奋，晚上整晚睡不着觉。这种状态持续了两个多星期。当时我明白，我已经到了危险的临界点，不仅在工作中容易出错，还随时可能精神崩溃。

有一天，我犯了一个可能导致很大风险的错误，我的直属经理很着急，特别严厉地斥责了我。那天遭受到的"精神毒打"，可以说是我有生以来最严重的一次。那时摩根士丹利（香港）还在中环交易广场，就是港交所边上那栋楼的 29 层。我被直属经理骂得羞怒交加，于是开始暴走，从 29 层走楼梯到 1 层，再走到边上的 IFC 国际金融中心，郁闷彷徨地走了半个小时。最后斗志战胜了一切，我下定决心，不管怎么困难，怎么挨骂，都必须坚持下去！工作可以再找，但如果被解雇，就是一种丢尽脸面的失败。我不能失败，我必须坚持下去！

我开始想办法改变自己。由于持续两周完全无法入睡，我的身体状态此刻也到了崩溃的边缘。我想，当务之急，我必须让自己能睡着、能休息，让快绷断的神经能够放松一下。这时我想起在麻省总医院学的冥想，想起当时我练习的时候总是昏沉入睡，我想这也许就是我的救命稻草！于是我重新开始练习冥想。

我终于能够好好睡一觉了。

随着睡眠的恢复，我的精神状态也逐步调整了过来。后来几天，我竟然感觉交易室里的电话铃声没那么刺耳了，老板们的斥责声也不再让我那么羞愧难当。当我不再陷于尴尬和羞愧，我发现在嘈杂的叫嚷声中我倒也能快速抓到哪些信息是对我有用的。我的犯错次数逐渐变少，最终我在这个极具挑战的环境中生存了下来。

冥想就是这样帮我渡过了人生中的一个重大难关——投行生涯中最艰难的初始适应阶段。我对冥想很感恩，决心进一步深入探索。这种探索也逐步改变了我命运的轨迹。

后来，我从摩根士丹利跳槽去中国国际金融股份有限公司之际，有一个月的带薪静默期不能工作，我就利用这段时间去学习了内观冥想。这段经历让我进入了一个更广阔的天地：只有看到自己的无意识，才算真正入门冥想。后来我进一步探索无意识，从个人无意识到集体无意识，我对世界有了新的认识。我非常感恩一路上各位老师的点拨，也希望通过此书分享自己的经历和体验，助有缘人提升决策水平，从而达到工作和生活双丰收，获得更好的人生。

本书的介绍

在金融领域里，无论是面对市场的涨跌、信息的喧嚣还是判断的挑战，交易员的每一次投资决策都会伴随着情绪的波动。我曾在贪婪的驱使下追涨杀跌，然后在市场回调时深陷困境。历练过这些后总结出来的心得，是从模型、决策理论知识中无法找到的。情绪管理是投资决策的关键因素之一，这是我多年实践后的认识。

本书的受众并不局限于金融从业人员。我们可以将投资视为决策的一种特例，实际上，情绪、心态与我们的工作和生活密切相关，涉及众多领域，甚至可以延伸到伴侣之间的日常关系。在生活中，我们的很多决策都类似投资行为。在《大学》中，有一句重要的话："知止而后有定，定而后能静，静而后能安，安而后能虑，虑而后能得。"在生活或事业中，如何做出更加明智、更富有成效的决策？希望你将在本书中得到启示。

本书在结构上，除了前言，核心内容共分为以下几个部分：第一章讲的是识别噪声，看清当下现实；第二章则着眼于情绪的有效管理及保持中正；第三章指出我们要致力于结合感性和理性，做到身心合一，提升决策能力；第四章则强调在道的层面提升自己，无招胜有招，把握平衡的准则，放下执念，开启可持续的人生之路；最后，本书的附录回到投资交易领域，跟大家分享一些交易实践中的心得。这些内容既相互关联又各自独立，读者既可以完整地、按章节顺序阅读全书，也可以根据自己的需要直接进入最感兴趣的章节。

除了向各位读者分享我的体悟和心得，本书也在一些章节设置了实践练习的环节。这些练习旨在引导读者在阅读之余，在一定程度上真正理解和觉察自己的内心，不断提升自己的情绪管理能力。因此，我希望读者将本书视为一本实践笔记，而不是理论介绍。

需要注意的是，每个人的经历和观念各不相同，因此对本书的理解也会有所不同。如果你在阅读本书后无法完全理解书中的某些内容，请不必担心。重要的是，通过本书的练习，你将逐渐提升觉察力，体验到自己的内在，而此时你对本书的内容也许就会产生新的理解和体会。

接下来，就让我们开始这趟特殊的发现之旅吧！

目　录

第三章

统整理性和感性，提高决策水平

第四章

平衡人生

附录　对投资交易的一些思考　　　　　　　173

第一章

活在当下，看清现实

重新审视现实世界时，我们是看到了真相，还是只看到了我们自己的成见和欲望？过去经验带来成见，未来期待引发欲望，只有去除过去和未来的干扰，我们才能看清真相，看清事实。

我以前麻省理工学院的导师常说"Garbage in，garbage out（垃圾进去，垃圾出来）"，他的意思是说，如果输入参数都是错的，就算决策模型非常复杂、非常精巧、非常完美，结果也是一堆垃圾。在决策中，这一点非常重要，但很多人却没能充分意识到。没有客观的输入，决策就像盲人打枪。

第一节

活在过去，还是活在未来

美国哥伦比亚大学扎克曼研究所在 2019 年举办了一场活动，邀请一批著名的科学家从不同的角度探讨了我们的五官是如何帮助我们感知世界，而大脑又是如何扭曲我们这些感知的。其中一个重点是讨论大脑是如何在我们实时的感官信息中加入过去的记忆和体验的。我们需要认识到，我们的神经系统使我们无法客观地看待世界。虽然我们从小便开始认知这个世界，但并不意味着我们能够看清真实的客观世界。我们看到的世界是我们过往记忆和经验向外的投射[①]，在很多情况下，

[①] 投射是一个心理学术语，指个人将自己的思想、态度、愿望、情绪、性格等个性特征，不自觉地反映于外界事物或者他人的一种心理作用。

我们看到的往往是我们想看到的，并过滤掉了我们不想看到的。这是无意识的影响，很难改变。

看清真相、看清现实是一件非常不容易的事，有很多来自无意识的干扰。通过对无意识的觉察，我们可以发现主要来自两方面的干扰：过去经验造成的成见和未来期待引发的欲望。去除过去和未来的干扰，剩下的就是当下，只有在此时我们才能看清真相，看清事实。

过去经验的羁绊：成见

过去的经历给了我们很多经验和教训，其实这些很可能是成见，会成为我们认识客观真相的障碍。当我们带着成见去观察世界时，便容易歪曲客观事物的原貌，很难做出成功的决策。

有人这样比喻人类的发展：一个盲人在开车，一个视力正常的人坐在边上，看着后窗和驶过的路，指导盲人开车驶向前方……但是，现实如古希腊哲学家赫拉克利特所说，"人不能两次踏进同一条河流"。河流在不断地变化，我们也不能两次处于完全相同的情境中，不管当下的事情看上去和过去多么相似，它都是新的、与过去不同的。

比尔·米勒（Bill Miller）是美国华尔街一位著名的基金经理。在 1991 年至 2005 年，他成功地管理了莱格曼森价值基金（Legg Mason Value Trust），连续 15 年跑赢标普 500 指数，打破了彼得·林奇（Peter Lynch）的纪录。

作为一名超大规模基金的管理者，连续 15 年跑赢标普 500 指数是一项非常惊人的成就。特别值得称道的是，他在千禧年之前，成功抛售了大量盈利的互联网及科技股票，并购买了当时表现相对较差的金融类股票，如花旗集团（Citigroup）和房利美（Fannie Mae）。随着千禧年互联网泡沫的破灭，金融股回涨，他在市场的一片哀嚎中成功逆势收割，从而取得了卓越的投资业绩。2007—2008 年，米勒从自己烂熟于心的股票里挑选了美国国际集团（AIG）、美联银行（Wachovia Corp.）、贝尔斯登（Bear Stearns Cos.）和房地美（Freddie Mac）。当金融危机爆发，这些股票连连下跌时，他认为投资者反应过度了，而他还在买进。第四季度时，米勒向股东解释说，他认为情况同 1989—1990 年时类似，那时他也是买进了大幅下挫的银行类股。他写道，有时市场会重现你在以前见过的模式，这一次是又一次的重复，金融类股看起来已经触底，但恰是可以逆向投资的机会。然而不同的情况发生了。由于对金融股的过早抄底，他的价值基金损失了 55%，投资者纷纷撤离，他一生的英名毁于一旦。

我们总是用经验主义指导我们的决策，但事实上，现在的情况是过去无法想象的，而未来的情况同样也是我们现在无法预料的。这本应该是常识，但在投资和交易中，人们往往视而不见。

朱光潜在《谈美》一书中曾提及这样一个故事："一个海边的农夫，每当遇见有游人称赞他门前的大海美景时，他总是很羞涩地指着门后菜园说：'门前的海没有什么，屋后的一园菜倒是不差。'一园菜圃住了他，使他不能见到海景的美。"

朱先生对此曾非常感慨地写道："我们大多数人有谁不像这位海边农夫呢？一看到瓜果就想到它是可以摘来吃的，一看到瀑布就想到它的水力可以利用来生电，一看到图画或雕塑就估算它值多少钱，一看到美人就有占有的冲动。一般事物对于我们都有一种'常态'，所谓'常态'就是糖是甜的，屋子是居住的，都是过去经验的积累。这种'常态'完全占据了我们的意识，我们对于常态以外的形象视而不见，听而不闻，经验日益丰富，视野也就日益狭窄。所以有人说，我们对于某种事物见的次数愈多，所见到的就愈少。"

现代神经心理学的研究也提供了科学的证据。原先我们认为我们的视觉信息都来自眼睛，眼睛看着当下正在发生的事情，但《纽约客》（*The New Yorker*）杂志的一篇文章总结了一些科学的进展：科学家发现大脑视觉中枢中只有 20% 的神经从视网膜而来，80% 来自其他大脑功能区域，比如记忆中心。另外，据著名的英国神经心理学家理查德·格里高利（Richard Gregory）估计，视觉里 90% 来自回忆，只有 10% 来自视神经的信号。

未来期冀的干扰：欲望

欲望是我们希望在未来看到的结果，它通常与内心深处的需求相联系，在很大程度上会影响我们客观地看待事物。这里所说的欲望并没有任何贬义或褒义，它既是我们生命中的有机组成部分，也是我们生生不息前进的动力。但是，欲望在我们的工作和生活中，却常常成为客观性的另一绊脚石。

我记得儿子三岁那年，我和我太太去美国波士顿办事，当时在国内的儿子突然生病，发烧到40℃，几天不退，情急之下，我们决定立刻回国。我临时买了纽约回北京的机票，半夜坐巴士来到纽约肯尼迪机场，准时登机之后，机长突然宣布飞机因为娱乐系统故障，需要修理，修理好以后再起飞。一小时过去了，两小时过去了，三小时过去了……娱乐系统还是没有修好。后来，我终于看到飞机慢慢移动了，我惊喜地跟太太说飞机终于启动了！然而旁边太太的话泼了我一头冷水："没有，飞机一点儿没动。"原来因为我如此焦虑，急于回家看孩子的欲望扭曲了现实，我看到的一切只是臆想。

大家应该也有过类似的体验，强烈的欲望让我们扭曲现实，产生幻觉：无意识且选择性地注意我们想看到的，而对那些我们不想看到的视而不见。

当人们有强烈的欲望或偏好时，往往会更倾向于注意那些支持他们欲望或偏好的信息，而忽视或过滤掉那些与之相悖的信息，从而歪曲了他们的认知。正如中国古代的寓言故事"疑邻窃斧"中所描述的，一个人怀疑邻居偷了他的斧头，便觉得邻居的一举一动都像是盗贼，当他找回了斧头，再看邻居的举动，便怎么看都觉得正常。

这种因欲望产生的选择性注意，同样也深刻地干扰着我们的投资等商业决策。前两年，我有一个朋友做苹果期货交易，他听说苹果产地受灾，因为受到暴富欲望的干扰，他有意无意地只去了受灾的地区，选择性地调研，而忽略了没有受灾的地方。这个无意识的偏向让他忘记了需要全面了解情况。根据他在受灾地区看到的情况，他错误地认为苹果价格会猛涨[①]，结果血亏。或许很多读者会认为这种例子只是个案，但实际上，这种情况在投资中非常普遍。我们常常会选择性地注意我们喜欢的信息，而忽略不利的信息。我们需要觉察自己的这种倾向，保持警觉。

---

① 股票或期货等资产的交易价格，是市场交易的结果，是多头力量和空头力量均衡的结果，多头注意到的是多的理由，空头注意到的是空的理由，选择性注意深刻地影响着我们决策的最终效果。其实我们每一个人，看到的市场都只是市场的一部分，如果我们加上选择性注意，就会陷在自己的故事里面，但实际上，市场上还有其他因素，否则，价格早会按照我们以为的走势发展了。

活在当下

如何摆脱成见的羁绊和欲望的干扰，这是一个很大的挑战。
我们该如何克服这个困难呢？通过活在当下，看清现实！

何为当下

什么是当下？"当下"是指此时此刻正在发生的事情。怎样
才能体验到当下呢？举个例子，你眼前所看到的，比如看到
这本书的纸张（或者电子屏幕），就是当下。你现在所听到
的，比如身边此时此刻传来的声音，这个声音就是当下，它
不是过去，也不是未来。再比如你所感受到的触觉，你坐在

椅子上的感觉，这个椅子的硬度或者触感是怎样的？还有味道，你嘴巴里是否还残留着上一顿饭食物的味道？这个味道是什么？还有我们的嗅觉，现在这个房间里有什么气味？这些都可以被称为眼耳鼻舌身所感受到的当下。在眼耳鼻舌身的感受中，人是活在当下的。所谓活在当下，一个简单的做法就是和眼耳鼻舌身当下的感觉在一起。

这说起来简单，但真实感受到、真实看清楚当下发生了什么，是不容易的。我们看一个东西时，真正能如实地看到当下的很少。很多情况下，我们看到的是过去。举个例子，我们遇到某个人，有一种"似曾相识"的感觉。或许是他们的容貌，或许是他们的言谈举止，和我们之前认识的人很相似。如果之前认识那个人是我们很好的朋友或亲人，是我们很信任的人，那不知不觉中，我们也会对当下的这个某人产生信赖感。但其实，这种信赖感和当下这个人根本没有关系，而是我们对其他人的感觉。然而，我们往往意识不到这一点，受到过去的"沾染"，很难真正看清楚眼前发生着什么。在上一节中，我们提到进入大脑视觉中枢的只有 20% 的神经是从视网膜而来，80% 来自其他大脑功能区域，特别是记忆中心。

当下的要义是我们要客观看待眼下发生的情况，抛却影响正确判断的成见。放松自己，以不评判的态度觉察所有出现的现象，随时"活在当下"；另外，我们要持有"空杯"的心态，清醒地认识到，当下的每一件事都是全新的，不管现实和历史有多相似，过去的知识与经验都可能存在局限性。当我们过多地思考过去或者设想未来时，我们就会失去对当下的体验。

活在当下

活在当下对我们的决策和判断至关重要。在生活和工作中，我们是不是能够很好地检视，真正看清楚当下发生了什么，而不是陷入与现实脱节的看法和判断里不自知？做到了这一点，我们就可以摆脱成见的羁绊和欲望的干扰，看穿曾经看到的和希望看到的，看清当下发生的真实情况，保持客观。

在投资交易领域，如实地看清当下，更是重中之重。为什么分析师做出的分析往往与实际情况是负相关的？其中很大一部分原因是他需要搜集资料、理性分析和写作，这导致他的速度很慢，而等他分析清楚的时候，被研究的事情已经过去了。因此，我们也就能理解，为什么过去式的分析与新的现实之间会存在鸿沟和误差，有时甚至是负相关了。

麻省理工学院实验室的奥托·夏莫（Otto Scharmer）在《U型理论：感知正在生成的未来》（*Theory U: Leading from the Future as It Emerges*）一书中，结合了"当下"（presence）和"感知"（sensing）两个概念创造了一个术语——"自然流现"（presencing）。它能帮助领导者和整个组织转变意识，与当下建立联结，并获得创造未来的能力。奥托·夏莫认为，当面临一个挑战或一个问题时，我们一般马上会想到以前的经验是什么，然后做决定。思维是从 A 到 B，一条直线。"U 型理论"则不然，你要先定下来，进入当下，去观察，去反思，然后再制定决策。"U 型理论"不是指发现未来，而是去感知未来。你必须停下脑子里旧有的模式、经验，然后沉浸到当下的"场"里去不断觉察。"U 型理论"是指和"当下"联结，在未来正在出现的时候去感悟，然后再做出决定。

在每个当下，未来正在出现，奥托·夏莫用了一个很好的表述——正在出现的未来（emerging future）。当我们活在当下，实际上我们也可以感知正在出现的未来。未来实际上是我们内在和外在共同创造的，聆听我们的内在，往往可以感知正在出现的未来。以我过去几次租房的经历为例，我喜欢明亮的房间，在一个明媚的日子，中介带我去看一套房子，一进去，我立刻就被它的亮堂吸引了。后来不管我又看了几套房子，做了多少分析和比较，最后还是回去租下了那套抓住我的第一感觉的明亮房子，几次都是这样。我们的未来是我们自己创造的，当聆听内在声音时，就可以感知到正在出现的未来。迈向未来的脚步虽然是当下的，但是又指向未来。其实我们可以既活在当下又看到未来出现的一刹那。

很多读者会说，道理很清楚，实践却非常困难。的确如此，即使我练习了这么多年，有时候依然会脱离当下。特别是在面对许多复杂情况时，真正能够放下成见和欲望，全身心地"活在当下"并不是件容易的事。

第三节

理性思考不在当下

我早年寒窗苦读，一直到麻省理工学院博士毕业，似乎学到了很多知识和理论。但是，后来的工作生涯，特别是冥想等觉察练习，让我深刻了解到，我们所知道的知识和理论是如何对实际工作、实际决策造成巨大障碍的。

合上书本，闭上眼睛回想一下，你是否也有过类似这样的经历：在工作中理性思考某个问题时，会不自觉地忽略掉很多信息，包括身体上的感受。有时候由于自己一直陷在理性思考中，直到停下来扭头时才发现不知什么时候脖子扭了。当我们专注于理性思考时，很容易忽略周围发生的事情，忘记体会当下的感觉，仿佛并未发生什么一样。

理性思考是什么？理性是相对于感性而言的，理性思考就是根据概念对所面临的事物和问题进行综合、分析、推理和判断，其底层是概念，而所有的概念又是基于人类过去的经验的。一旦我们进行理性思考，我们就不在当下，而是通过概念连接过去的体验。

概念连接过去的体验

举个例子，当我们还是婴儿且不会讲话时，我们对于看到的红色，全凭感官体验，这个体验并没有连接某个概念、某个标签。直到有一天，妈妈告诉我们这是红色，我们才知道这叫作"红色"。实际上，语言就像是标签，是这种体验的一个标签。请去体会一下，对讲英语的人来说，红色不叫"红色"，叫"red"，"红色"本质上是一个标签，你可以在红色的体验上贴上"red"标签。

再来看个故事^①：古代印度有两个乞丐，一个是盲人，另一个是跛脚的人。他们相依为命一起乞讨，盲人扶着跛脚的人，

---

① 这是源于内观冥想老师葛印卡讲的一个故事。

跛脚的人为盲人指路。有一天，盲人生病了，无法出门，于是跛脚的人自己爬着出去乞讨。跛脚的人回来时非常开心，告诉盲人他遇到了一个好心的施主，给他喝了牛奶。他们以前从来没有喝过牛奶，跛脚的人描述牛奶特别好喝，是白色的。盲人先天失明，从来没有见过白色，好奇地问："白色是怎样的？"跛脚的人一下子卡住了，因为盲人从未见过光，怎样和他描述白色呢？这时，跛脚的人正好看到一只白鹅过来，就一下把鹅抓过来放在盲人手上，并告诉盲人："鹅是白色的。"盲人抓住鹅，正好抚摸到鹅的脖子，便恍然大悟："白色是滑滑的，弯弯的。"

概念是人脑对客观事物本质的反映，是从事物中提取出来、反映其共同特性的，是以词作为标签的。在提取概念的过程中，需要对事物有体验，如果没有体验，概念这个标签就无所指。

此外，实际上同样的概念对每个人而言是不同的，因为每个人建立概念时的体验是不同的，而同样的概念在每个人心中指向的体验也是不同的。如果当初妈妈告诉你花朵是红的，那么以后听到"红"字，你内在的感受便可能是积极美好的；如果当初妈妈告诉你鲜血是红的，那么以后听到"红"字，便可能会引发你的紧张或身体上的不适。同样一个概念，同样一个词，给每个人的感受是不一样的。很多时候争论没有意义，因为我们对同一个词、同一个概念的感受是不同的，比如榴莲，有些人认为它是一种美味，而有些人受不了它的气味，争论它是否美味没有意义。

这里再和读者探讨一个问题，通过理性思考来预测和计划未来，真的和未来有关吗？[①]其实这种预测和未来没有关系，它是根据你自己的人生经验做出的判断。预测什么时候是准确的？我们表面上在预测和计划未来，实际上是对概念进行综合、分析、推理和判断，但是概念是指向过去的体验，我们通过理性思考，把过往的体验进行排列组合，并模拟未来，然后根据模拟出来的未来进行相应的计划。而这本质上，正如前文所说，像盲人开车：一个视力正常的人坐在边上，看着后窗、看着过去驶过的路，指导盲人开车驶向未来。

在理性思考时，我们往往无法看清当下正在发生的事情，更不用说在当下正在出现的未来了。

---

① 人工智能（AI）也是在过去的数据上运作的，本书在附录中介绍了对人工智能的看法，仅供参考。

理性思考的陷阱

通常我们都从褒义的角度来看待理性思考，我们无比尊重理性思考积极的一面，以及它为人类带来的无限福祉。这里要指出的是，我们也要小心理性思考的陷阱。

刚进入摩根士丹利工作时，我已经深刻理解了对于交易而言，止损相对还是比较容易的，止损是纪律，事先设好止损点，必须无条件做到。但止盈则是一个很困难的决定：不止盈，有时盈利转眼间就消失了；止盈了，标的物可能又增长了很多倍。于是，我问我们最资深的交易总管："止盈怎么处理？"当时那位资深交易总管给我的回答大意是，等我们的分析师都知道这个交易背后的故事时，就应该止盈。这个回答给我留下了深刻的印象，后来我一直有意无意地去验证这句话。在外资银行，分析师和交易员是分开的，分析师的任务更多是通过研究报告来帮助投资银行进行市场推广和客户服务；交易员用钱和自己的职业生涯来验证自己的判断。在这种严格监管下，研究员和交易员勾结起来误导市场得以获利的情况通常并不存在。所以，这位资深交易员的话格外显得意味深长。记得有一年，一位很著名的分析师在一年中三次对中国股市未来一段时间的走势作出预测。他预测股市会涨时，股市跌了；预测股市会跌时，股市涨了，三次都反了。如果分析师对于股市的预测持续相反，我们只要反着做就可以了。据我自己的观察，一般的分析师，不管是研究汇率、利率或其他主要受宏观公开信息影响的资产，大多有类似的反向指标的特点①。我一直在思考这个现象背后的原因，现在我认为一个解释是，分析师分析需要收集很多信息，进行理性思考，还要将相关分析写出来，这是要花一些时间的；而物极必反，事物到了一定阶段就会反转。具体从市场发展的规律来看，趋势发展到极致就会反转，就像太阳过了正午就会往下落一样。交易员在太阳上升的时候，看到了趋势，早早已经下了头寸②等着；分析师在接近正午的时候看到故事，等到分析师发布分析报告的时候，时间已经过了，市场正好反转，这时交易员止盈出场。理性反映出来的信息往往比较慢而且是基于过去的。理性很重要，但同时要意识到理性的局限性，要在充分发挥理性分析系统性优势的同时，能够看到当下，而不只是停留在过去。

---

① 这里不包括个股分析师，因为个股有很多私有信息。而且著名分析师的观点本身也会引领市场，他说涨，大家都买，个股就真的涨了。

② 头寸，金融术语，指持有金融资产的数量。

如果过度地强调理性，把理性规则教条化，有时就会让人哭笑不得。我小时候印象很深的一部迪士尼动画片，讲述了几内亚猪的故事。几内亚猪虽然被叫作猪，但其实是小豚鼠。故事开始时，有人寄了一对几内亚猪给朋友，邮费由接收方支付。几内亚猪寄到了以后，邮局查了资费规定，要以猪的价格收取邮费，接收方反复申诉这两只动物是小豚鼠，但是邮局只根据规章字面要求，坚持按猪的费用收取，结果接收方拒收几内亚猪。邮局只能寄养这些小豚鼠，小豚鼠的繁殖力惊人，2 变 4，4 变 8，8 变 16，16 变 32……很快整个邮局就堆满了几内亚猪。现实中，这种荒唐事也不少，总有各种奇特的意外情况因为脱离当下的规矩，让人深陷困境，让人哭笑不得。在你身上发生过这类事情吗？

各种理论某种程度上也是这样，充斥着条条框框。过去发生的各种事件，在那个时刻、那个地点是正确的，但未来与过去不同，因此，总会有一些阴差阳错的事出现。过度执着于理性思考，执着于理论，在商业和其他决策中会有深远的危害。

领悟"空"，破除"知识障"

任何理论、知识和过往经验都有其局限性，我们要做的，是放下过去，不停地清空自己。

譬如，在投资中，当我们看到价格走势与我们的判断相反，有时可能就会不自觉地给出阴谋论的解释，认为是有人操纵市场，而不是自己的判断错了。实际上，市场上各种力量交错，不是那么容易会被个体所操纵的。有时我们甚至会臆想市场在和自己对着干，其实市场并不会在乎某个人，"天地不仁，以万物为刍狗"。我们还可能有各种各样离奇离谱的解释，但就是不愿接受可能是自己判断错了。

而"空"的态度是，当我们发现市场出现变化时，先不要急于用任何理论去解释，而是观察涨跌本身的情况。过度解释可能会限制我们的判断，将自己框入固定观念中，而重要的是"现象优先于逻辑"。价格下跌的现象比怎么解释价格下跌更重要，虽然我们对下跌的原因也许并没有把握，但是跌到一定程度该及时应对还是要及时应对，比如先止损跑路。在前言里提到过我刚入职华尔街投资银行时老板问我的问题：

"如果邻居家突然着火，你应该怎么办？"答案是"跑"。我们不必多想，不必为每件事情都找到逻辑、找出解释。这是现象学的观点，我们在第三章中还会详细讨论。

不优先解释原因，意味着我们要把优先级放在感知事物上面。一旦先期陷入解释，我们就容易被困在解释的框架中，甚至感知力量被削弱，从而妨碍我们看到当下，并进行明智的决策。

以"看山是山，看山不是山，看山还是山"的典故为例，我从婴儿的视角向大家解释这三重境界。第一重境界"看山是山"，当婴儿刚出生时，他们用空的眼睛看待世界，看到山，却不知道这些事物是人类语言系统所称的"山"，没有人教过他们这些概念、这些标签——中文叫"山"，英文叫"mountain"，他们只是如实地感受眼前这座真实的山。

第二重境界"看山不是山"，随着婴儿长大，学习到"山"的概念，学习到"山"这个标签，他在看到山时看到的是"山"这个标签——世界上各种山的共同特性，但可能看不到眼前这座山本身。《新华字典》里定义的"山"是"地面形成的高耸的部分"，大家知道上海有座佘山，海拔 97 米。到了那里，很多人都质疑佘山不是山，人们在和"山"的概念较劲，却影响了看眼前真实的佘山风光。

第三重境界"看山还是山"。基于对概念的理解，相比于当下的现实，会丢失很多信息。当我们学会穿过概念和标签，如实地观察事物本身时，如果我们在佘山，就不会管它是不是"山"，而是会去看看眼下真实的它，看它真切的形状和颜色。

当我们观察事物时，意识中常常会出现各种概念；当我们可以做到"空"，从概念回归事物的本体，纯粹地体验，如实地感受各种细节时，我们就能活在当下。

在我们进行决策时，如果我们能够保持良好的心态，保持"空"，就能活在当下，不陷到概念、理论和自己编出来的故事里，对外在环境保持客观，随时看到外在环境的变化，调整自己的应对，没有执念。按照我一位期货高手朋友的讲法，就是"没有信仰"。一旦我们能看清楚局势，我们就有能力随机应变，游刃有余。决策没有多么复杂和花哨，大道至简。

当我还是学生时，我觉得智慧[①]是苦苦思索来的。经历过这么多年的工作实践、人生历练和冥想实修，蓦然回首，我才发现智慧由"空"而来。

回到当下

有了深刻理性思考带来的理论和模型，以及分析和判断的能力，如果我们还能保持和当下的连接，就可以更加明智地运用我们的理性，并大大提升决策能力。

直接和当下现实去碰触，去体验，这一点是成功决策的根本保证。曾国藩讲做事要"身到、心到、眼到、口到、手到"。体验拥有更加丰富和多维的信息，而概念由于在提取过程中逐渐抽象，很多维度的信息被丢弃了。我们无法从概念上复原体验。我叫"汪滔"，这个名字其实也是一个概念。如果你没见过我，听到"汪滔"，你能知道我长什么样吗？如果你见

---

① 我这里所说的智慧，并不是指聪明。聪明和智慧是完全不同的两个概念，一个不怎么聪明的人可能会经常吃亏，但是他处理事情可以很有智慧；一个非常聪明的人，做事很会取巧，但他也可能没有智慧。聪明和智慧不能一概而论。

过我，听到"汪滔"，你心中会有什么样的反应？亲身实地和现实碰触，是任何理性思考不能替代的。

我遇到的成功投资者，都会专门强调数据获取的真实性和客观性。我和传奇期货大佬傅海棠有大量的接触和互动，他不止一次提到了调研和数据准确的重要性。有一次，我跟随他去黑龙江考察玉米和大豆。当时从卫星图的数据来看，大豆看上去都很不错。但当我们亲自前往田地摸查时，他一捏豆子，发现都是瘪的。后来他明白了问题所在，豆苗在春天刚开始生长的时候，遇到了倒春寒，经历了冻灾后豆子没有长好。但是从外面所有的数据，包括卫星遥感等，都无法反映出这个问题。亲身到源头进行实地调查，让我们更接近真相。因为源头的信息才是活生生的现实，数据是现实被抽象化、概念化后的形式，回归源头本身才能触碰真正的事实。确保得到的信息是当下的、真实的、客观的，我们的决策才有一个站得住脚的基础，否则后面的决策无从说起。

在本节最后，请你再回顾前文说的"看山是山，看山不是山，看山还是山"的三重境界，更具体地讲，看山是山，看到的是此时此地的山；看山不是山，看到的是山的概念，是过去看到的各座山提取的共同本性，不是此时此地的山；看山还是山，是走出山的概念的限制，看到此时此地的山。真正回到"看山还是山"，领悟其中的智慧，将让你更加从容地应对生活和工作中的各种决策。

第四节

通往当下的门径：觉察

当我们按下思考的暂停键，去觉察自己的感受，听到当下的声音，看到当下的光线，闻到当下的气味，感受当下的碰触，我们就活在了当下。

觉察是通往当下的门径，是心态和情绪管理的核心。我们可以从不同的角度定义什么是觉察，我喜欢从如下角度进行描述：**觉察是意识知道无意识的状态**[①]，觉察也常常被称为"觉知"或"觉"。

———————

① 这里所谓意识知道无意识的状态的说法，实际上是指狭义的觉察。而广义的觉察，不存在意识和无意识的分别、知道者和被知道者的区别，是主体、客体和本体的合一，用通俗的话讲，广义的觉察是观察者、被观察者及观察本身的合一。

意识和无意识

无意识深藏于我们内心深处，平时不显露，却不断影响和干扰我们的感受、情绪、思维、行为和判断，它是人类更深层、更隐秘、更原始、更根本的心理能量。它包含了未被意识到的心理活动，是人类行为的本质内驱力。无意识也包括人的原始冲动、各种本能以及与本能相关的各种欲望，它是人的一切动机和意图的源泉。荣格说，"你的无意识指引着你的人生"。

弗洛伊德曾将人的精神活动比喻为漂浮在海洋中的一座冰山（见图 1-1）。其中，意识只是露出海面的冰山一角，无意识（我们无法感受到的心理活动）占据了海面以下的部分。

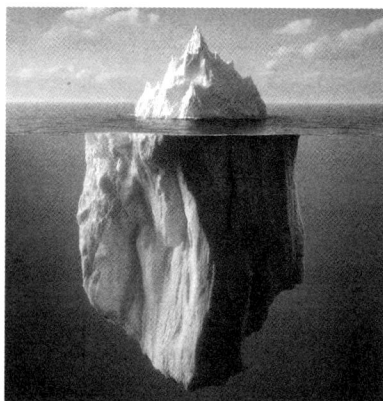

图 1-1　弗洛伊德关于冰山的比喻

意识是我们能够自我感知的心理活动，它位于人的心理结构的最表层。它感知着外界的现实环境和刺激，并通过语言来反映和概括事物的理性内容。而无意识的语言是我们眼、耳、鼻、舌、触的感官感受（后面重点介绍的练习觉察的重要方法——冥想，其常见的手段就是把注意力放到某个感官的感受上）。

体会觉察，必须通过体验

如果我们没有亲身经历过觉察的状态，无论别人怎么描述，我们都无法真正明白。在前文讲过的盲人和破脚的人讨论白色的故事中，由于盲人从没有看到白色的体验，因此破脚的人无论怎样向他描述，他都无法明白。

这里讲一个"智常斩蛇"的故事。有一天，一名学僧来拜访智常禅师。智常禅师正在田间除草，突然草丛中蹿出一条蛇来，智常举起锄头便斩杀了蛇。学僧不以为意地说道："久闻大师慈悲的道风，今天见大师斩蛇，原来是个粗人。"智常反问道："像你这么说话，究竟是你粗还是我粗？"学僧反问道："什么是粗？"智常放下锄头。学僧又问："什么是细？"智常举起锄头作斩蛇的姿态。学僧不明白智常禅师的意思，智常说道："暂不说依据什么道理，请问你什么时候看到我斩蛇了？"学僧不客气地回答："当下！"于是智常语重心长地对这位学僧说："当下见不到自己，却见到斩蛇做什么？"

对大部分读者来说，上述情节可能会让人有点晕。真正理解觉察的状态，需要亲身去体验，仅仅描述是难以理解的。斩蛇的动作是一瞬间的无意识反应，蛇是一种可能威胁生命的动物，如果禅师要考虑禅理、评判杀生对错再去行事，便不在当下。不用太在意这个故事的启示，这里引用这个故事主要是想说，没有对觉察的体验，理解禅宗公案是十分困难的，正如前面提到的，先天失明的乞丐很难理解"白色"的概念。

觉察本身并不是可以通过文字完全描述清楚的，很多时候觉察会让人感到费解，需要通过冥想等具体的练习和实修才能明白。我自己也是在练习了差不多五年冥想后，才真正体会到觉察状态的真正意义。

觉察是进入当下的门径

觉察是我们进入当下的钥匙。当我们处于觉察的时刻，便是在当下。通过有意识的觉察，我们可以回到当下的状态。

每一天，我们都要接收各种各样的信息，思考并基于经验做出决策。觉察反其道而行之，它按下理性思考的暂停键，让我们充分感受当下的状态。活在当下就是感受此时此刻的声音、光线、触觉、气味，以及直觉。我们的心在这种状态下会逐渐平静下来，并拥有一种更加放松、平和的心境。与理性思考状态不同的是，觉察让我们回到当下。

当我们真正活在当下时，我们看到的世界是不同的，我们能够全面、直接、不加修饰地感知周围的世界，不再受过去经验和预期的影响。在这种状态下，我们能真正看清事物的本质和真相，随时关注正在发生的事情，从容地面对挑战。

觉察带来智慧和突破

觉察时，意识连接无意识，从而促进我们与自己的无意识进行交流，并逐渐揭示无意识中的一些信息和启示，让我们了解它们是如何影响我们当前的行为和感受的。人的无意识中存储着各种经验、信念和情感因素，这种内在的自我交流，可以帮助我们整合自己的内在世界，从而带来对外在世界的改进和突破。

我曾遇到一位交易员，他极具天赋，技术和基本交易能力都是一流的，但他每次财富积累到一定程度以后，总是在最后一次交易时莫名其妙地犯低级错误，功败垂成，回到起点。这样来回几次后，他意识到可能有心理因素的影响，于是做了大量的探索。原来他问题的根源来自他无意识的冲突：他父亲的家里非常贫困，所以做了上门女婿。在他家乡，倒插门是被人看不起的。他从前和母亲及家里其他亲戚都对父亲不太尊重。但他内心其实对父亲有无比的爱和忠诚，他的无意识中有个隐藏的信念：如果比父亲富裕，就是对父亲的背叛。当他觉察到无意识的真正动力时，他泪流满面。一旦觉察到无意识里的执念和问题的根源后，他就会明白可以用其他方式表达这种深深的爱和忠诚，而不必用贫穷和交易失败的方式。从那之后，他才真正开始留住交易中挣来的钱，获得交易的成功。但是如果他没有觉察到自己无意识里的根源，也没有人帮助他疏通，那么他再努力可能都很难成功。

我在麻省理工学院学习期间，作为助教给学生上课，导师建议我去上戏剧课，提高语言能力。麻省理工学院对人文课程高度重视，开设的戏剧课请的都是一流的专业老师。我连续上了几门戏剧课，后来还参加了一个剧团，和一批专业演员一起出演话剧。1997 年 11 月，我参加了纽约外百老汇剧院的演出①，门票 15 美元一张。和这些专业演员长时间一起排练和演出后，我发现他们进行大量的觉察练习，当时，话剧的男主角在每次演出前都要进行两个小时的觉察练习。

美国演员们必读的一本经典图书是《箭术与禅心》（*Zen in der Kunst des Bogenschiessens*），这本书的作者是德国哲学家奥根·赫立格尔（Eugen Herrigel）。为了追求哲学中无法体验到的生命意义，赫立格尔远渡重洋，前往日本学习禅宗。历经一系列的曲折后，他在日本学习箭术时体验到了禅的真谛。在东亚国家的艺术中，一个显著的特征是，艺术不仅有实用或纯粹欣赏娱乐的目的，还可用来锻炼心智。箭术不仅是为了击中目标，箭手执箭不仅是要打败对手，舞者不仅是要表现身体的某种韵律。如果一个人真心希望成为某一项艺术的大师，仅有技术性的知识是不够的。他必须使技巧升华，使那项艺术成为"无艺之艺"。在箭术中，射手与目标不再是两

---

① 专业演员们在非百老汇的剧院演出话剧，如果被百老汇的导演看上，将有机会去百老汇演出。

个相对的事物，而是一个整体，他与技巧完美地成为一体，射箭之艺只是无意识下的自然之举。

优秀的运动员也是如此，通过觉察练习帮助自己在比赛中克服紧张情绪，掌握和改进运动技能。比如 NBA 篮球巨星勒布朗·詹姆斯（LeBron James）使用冥想这种方式修习觉察，效果卓著。2022 年 2 月 17 日，湖人对爵士比赛终场还有 1 分钟时，詹姆斯在场边冥想。这场比赛，湖人曾经落后 14 分，第 4 节詹姆斯大爆发，带队逆转，最后以 106 比 101 险胜爵士。

实际上，任何领域的顶尖高手都有很强的觉察力，不管是天生的，还是后天习得的。我观察到的伟大的领导者和伟大的决策者都是如此。不管他们自己知不知道，我们把那种特质叫作觉察力。

冥想是修习觉察的一种方式

觉察是进入当下的门径。有些人天生有觉察的能力，但很多人需要通过练习来提高。修习觉察有很多不同的方式，对初习者来讲，冥想是相对容易的一种方式。

关于冥想的定义，目前没有大家公认的说法。不管是字典里的定义、网络上的定义，还是学者的定义，都不是公认的精简的定义。

我们的核心观点是，可以不去寻找理性的解释和定义，练习和体验本身更重要。初步来说，冥想是注意力的练习，"一念代万念"①，也就是把注意力集中在一个感觉上，不管是触觉、听觉、视觉，还是味觉、嗅觉。人的注意力是有限的，注意力集中在一个感觉上以后，不给心中杂念以关注，杂念就自然而然、一点点止息下来，心就安定下来。注意，这只是冥想的初步效果，更重要的是，随着冥想的深入，我们将看到自己的无意识。提升觉察是真正开启智慧、走向幸福人生的关键。

观呼吸是一种很常见的冥想方法。呼吸是一种非常奇妙的活动，一般来说，自主神经控制人的生理活动，比如心跳、脉搏等，意识是无法控制这些生理活动的，但是呼吸却是个例外，我们可以通过意识控制呼吸。观呼吸有助于我们活在当

① 关于"念"，在本书第四章中还有更多的讨论，这里可以简单地认为"念"就是注意力。

下，放空自己，带来内心的平静。在日常生活里，很多时候只要观呼吸 10 分钟，人的状态就会放松下来。在很多体育、艺术和身心疗愈的课程里，观呼吸也是常用的方法。在你需要调整的时候，观呼吸是非常有效的方法，既深入又简单。

下面让我们来实际体验一下观呼吸冥想，可以扫描下面的二维码，跟着观呼吸冥想的录音进行练习。

【冥想练习：观呼吸】

你好，我是汪滔，在接下来的时间里，我们一起来体验放松，体验当下和中正的状态……

扫码听录音

感受一下自己的双脚大拇趾有什么感觉，双脚食趾有什么感觉，双脚中趾有什么感觉，双脚无名趾有什么感觉，双脚小趾有什么感觉。

身边也许有什么声音，也许很宁静，把注意力放在自己身体的感觉上就可以了。

感受一下双脚脚跟的感觉，感受一下双脚脚踝的感觉，小腿、膝盖、大腿、臀部、胯部、下腹部、上腹部、胸口、颈部……

感受一下自己双肩的感觉，双肩的肌肉是紧张还是放松？感受一下自己两条上臂、双肘、两条下臂、两只手掌、双手拇指是什么感觉，双手食指、双手中指、双手无名指，双手小拇指……

感受一下自己的下巴有什么感觉，感受一下自己的嘴、自己的鼻子。当呼吸的时候，气息是从哪里进出的？和口鼻部什么地方碰触？

感受自己的双眼，看看能看到什么光，双眼也许是睁着的，也许是闭着的，即使是闭着的，也好奇地看一下有没有什么光线透过眼皮……

感受一下自己的前额，感受自己的双耳，感受自己的后脑，感受一下自己的头顶……

感受自己每一次的呼吸，好奇地去感受一下，气息是从左鼻孔出来，还是右鼻孔出来，又或者是从双唇之间出来……

感受每一次呼气，好奇地感受下气息是从左鼻孔出来还是右鼻孔出来，还是从双唇之间出来……

吸气的时候自己的肚皮有没有动，好奇地感受下吸气的时候，气息最深能够吸到什么地方：颈部、胸口、腹部，还是更深……

感受每一次吸气的时候，皮肤触碰内衣是什么感受。

好奇地感受下气息最深能够吸到什么地方。

感受每一次吸气，感受每一次呼气。当有杂念或者思绪起来的时候，不要与之对抗，慢慢地把注意力放回到呼吸上就可以了。

接下来根据你的需要，和自己的呼吸在一起……

当有思绪或者杂念起来的时候，慢慢地把注意力拉回到呼吸上就可以了，和自己的呼吸在一起……

冥想时的一些注意点

在冥想练习中，有三个关键点：一念代万念；自然拉回注意力；如是。

1. 一念代万念

把注意力集中在呼吸的触觉上，用呼吸这一念，替代心中各种杂念、各种思绪。其实这一念可以是呼吸，也可以是其他感官感受：视觉冥想，专注看着某个点，当注意力飘散时，将注意力重新集中在那个点上；听觉冥想，将注意力放在某个声音上，当注意力飘散时，你重新将注意力放回到那个声音上；嗅觉冥想，将注意力放在气味上，当注意力飘散时，你重新将注意力放回到气味上；味觉冥想，如品茶，将注意力放在那种味道上，当注意力飘散时，你重新将注意力放回到那种味道上。

2. 自然拉回注意力

在冥想的时候，我们希望做到一念代万念，但是注意力时不时会飘走，常常会生出来杂念，我们很难控制各种思绪。作用力与反作用力就是这样，当我们去控制、对抗一件事情时，实际上会强化它；当我们拼命想摆脱它时，它反而会更努力地抓住我们。因此，很重要的一个窍门是，在你发现杂念升起的时候，千万不要排斥它。当你明白自己杂念升起时，其实你已经在觉察了[①]，这个时候把注意力拉回到呼吸（或其他专注点）上。只要你能觉察杂念的起落，就已经不再受到杂念的羁绊，已经回到当下了。有些人失眠时，脑子里杂念不停，不停地回忆过去，模拟未来，把各种情绪和感受带到现在，平静不下来，然后就睡不着，很难受。这里面的关键一

---

① 只要觉察到杂念在那儿，其实你就活在当下了。比如说你现在在杂念里面，在思绪里面，一旦你的立足点变了，跳出来看，自己的状态就变了，你不再陷在杂念里，不再陷在思绪里，故而回到了当下。

点是，一旦在杂念里，不要抗拒，不要强迫自己，不要有任何对杂念升起的懊恼，当觉察到杂念升起时，把注意力自然而然地放回到呼吸（或其他专注点）上就可以了。很多我的冥想学员反馈，这个心法对助眠有很大作用。

3. 如是

观呼吸冥想的核心在于去觉察，不要去控制呼吸。有些门派的冥想会控制呼吸，不管是让呼吸变慢或者变快，还是更深或者更浅，都是改变当下的呼吸状况。我们这里讲究的是"如是"，是怎样就怎样，呼吸也许是急促的，也许是缓慢的，也许是浅的，也许是深的，这都没关系，承认所有的体验，接受当下的一切，没有所谓的更好或更坏，更对或更错。不用把放松作为目标，如是地体验当下的每一次呼吸，反而会带来放松。把放松作为目标，反而会给自己增加压力，与放松反道而行。如果冥想的关注点不在呼吸上，而在视觉、听觉、味觉、嗅觉上，也都是一样的，如是地去体验，体验真实的感受，是怎样就怎样。有时如果冥想里突然冒出一些语言和图像，像做白日梦一般，那么你可以试着去观察它，不要评判，不要纠结是真是假、是对是错，而是如是地感受它。

冥想中还有一些常见的情况，这里简单解释一下。

有些人担心练习冥想的时候睡着怎么办，会不会影响自己的体验？答案是不用在意，坚持练习。我自己刚开始练习冥想的时候就非常容易睡着，老睡着是提醒我睡眠不够，我后来增加了睡眠，随着冥想练习的深入，昏睡的状态就逐渐消失了。

很多人认为练习冥想时是无念的，甚至因为进入不了这个状态反而更加焦虑。冥想最终能做到无念吗？答案是否定的，就算一个人冥想再深入，念还是存在的，如是观察就可以了。不要强求无念，求无念本身就是一种念。

身体姿势有无讲究？不用强求，不必强调一定要怎么坐，比如盘腿，甚至双盘等。如果盘腿让你感到不适，那就不要盘，重要的是觉察。虽然最好是坐直，但不要因为教条和形式强迫自己，反而使自己远离觉察。

冥想没有任何既定的模式，每个人都可以找到自己最喜欢的方法。比如慢跑，慢跑有时是一种很好的冥想，通过反复的深度呼吸，可以帮助自己进入觉察当下的状态。每个人都有自己喜欢的方式。

冥想练习觉察的关键是坚持练习，用自己喜欢的冥想方式，每天做一会儿，坚持下去，就会非常有效。

第二章

中正：有效的情绪管理

人生往往是由极少数关键时刻决定的。明太祖朱元璋在鄱阳湖大战陈友谅时，所乘指挥船搁浅，差点儿被俘，关键时刻他没有乱了方寸，而是迅速调整，沉着应对。最后经过艰苦鏖战，朱元璋以少胜多，从此奠定了明朝基业。在激烈胶着的篮球比赛中，虽然过程跌宕起伏，但结果往往是由最后几分钟决定的，前面的时间比分通常拉不开距离，需要在最后几分钟决胜。迈克尔·乔丹（Michael Jordan）总能在关键时刻取胜，其稳定的表现是他辉煌传奇的根本，不然即使每场得分再多，如果拿不了冠军，也成不了传奇人物。

生死成败往往在毫发之间，而这时的压力之大不言而喻，在多变的现实环境中笑到最后所必备的能力是：管理情绪，保持中正，清醒决策。

是时候重新认识情绪了

在上一章我们讨论了"活在当下，看清现实"，保持客观。除了客观这个角度，在面对现实挑战时，如何避免情绪的干扰也是至关重要的。本章将围绕这些内容展开讨论。情绪帮助我们趋利避害，帮助我们识别危险、躲避风险、应对外来威胁的侵害。情绪背后存在积极的意义，无论是贪婪、恐惧、焦虑、敏感还是愤怒等情绪。比如贪婪，它驱使我们在光景好的时候，尽量多储备，以助我们在寒冬时渡过难关；又比如恐惧，它帮助我们远离危险，生存下去。如果没有这些情绪，人类恐怕无法繁衍到今天。我们需要承认情绪的价值，感谢它为我们所做的，它在人与人的联结、情感和爱等方面是至关重要的。

虽然情绪从根本上对我们有重要的积极意义，但如果它淹没了我们，就会对决策造成很大的负面影响。历史上那些豪杰，在关键时刻大都能保持冷静，不受情绪的左右，做出明智的决策。苏轼写张良的《留侯论》开篇即讲："天下有大勇者，卒然临之而不惊，无故加之而不怒。"张良能在突发情况下保持冷静、无动于衷，即使突然遭遇袭击也能泰然处之，这样的能力令人惊叹。他也能够在遇到无理取闹的情况时不生气，保持内心平和。这样的特质是很多人难以参透和模仿的。

在商业决策领域，情绪管理能力通常也是决策能力的一种重要体现。决策失误，罪魁祸首往往是我们的情绪，而非技术层面的东西。比如，在投资交易领域，我们常常会碰到以下这些情况，情绪往往在里面扮演了重要角色：

- 投资理论了然于胸，却昏招频出；
- 市场判断精准，但无法坚持到底；
- 受制于盈亏波动，身心疲惫，无法决策。

第一节

情绪是超越理性控制的

根据比较神经解剖学和行为的相关研究，美国心理学家保罗·麦克莱恩（Paul McLean）在 20 世纪 50 年代创立了三脑理论，这个理论因为简单而长久地广受欢迎。虽然后来的研究发现该理论在许多关于大脑活动、结构、演化的细节上并不精确，但它仍不失为一种值得参考且近似真实的描述。其主要观点是，人类大脑分为三个主要层次，这种大脑结构通常被称为三层脑结构。三个层次分别如下（见图 2-1）。

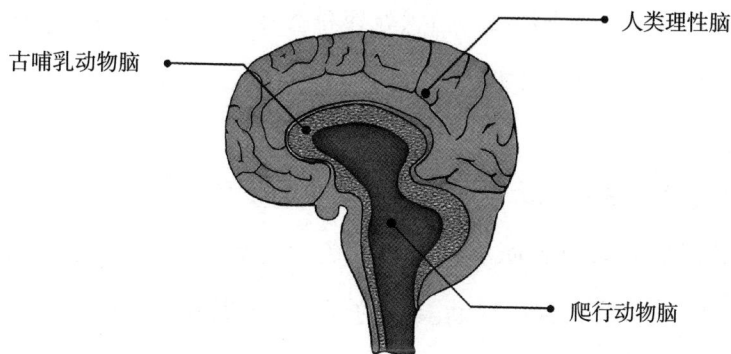

图 2-1　三层脑结构

下层爬行动物脑：主要指脑干。脑干是最原始和最基本的大脑区域，也被称为"爬行动物脑"，因为它在进化过程中首先发展。脑干的位置位于脑的最底部，连接脊髓。它主要负责生命维持功能，如呼吸、心跳、体温控制等。此外，脑干也涉及一些基本的生存本能和本能反应，例如寻找食物和避免危险。

中层古哺乳动物脑：主要指脑干周围的边缘系统。边缘系统的位置位于脑干的上方，环绕在脑干的周围，也被称为"古哺乳动物脑"。边缘系统是哺乳动物大脑发展出来的一部分，负责处理情感、记忆和动机。它包括海马体、杏仁核、斤脑等结构。边缘系统对于社交行为、情感体验和形成记忆都起着重要作用。杏仁核与情感处理和恐惧心理的相关性高，而海马体则参与形成和存储记忆。

上层人类理性脑：主要指新皮质。新皮质位于大脑的最外层，是大脑的表面层，也被称为"人类理性脑"。新皮质是哺乳动物大脑中最新发展的部分，尤其在人类身上变得非常复杂。它负责高级认知功能，包括思维、学习、记忆、语言和决策等。新皮质被分为不同的区域，每个区域都与特定的功能相关。例如，额叶与决策和社交行为有关，顶叶与感觉处理相关，颞叶与听觉和语言有关，顶叶与运动控制相关。

这三个层次的脑结构通过交互协同工作，共同组成了复杂而多层次的神经网络，支持着人类的各种生理和认知功能。

在大脑的这三个层次结构里面，我们的情绪触发机制隐藏在古哺乳动物脑和爬行动物脑之中，是最上层的人类理性脑无法完全控制的。大家可能都有过这样的体验，情绪表面上可以受到控制，但越是压制，情绪越强，最后要么向外爆发，要么向内伤害自身。这是作用力与反作用力的体现。人类理性脑非常热衷于控制，而控制无法真正解决问题，从某个角度来说，控制必定失败。

在理性的情况下，我们通常都明白一些基本的道理，比如知道在分歧出现时应该避免与伴侣争吵，在有异议的情况下也要保持冷静，求同存异。然而，在实际情境中，当我们提高嗓门时，实际上是由大脑中下层，即爬行动物脑或古哺乳动物脑发出指令的。行为已经发生，而人类理性脑则在事后才能理解。很多时候，我们会发现，尽管理性上知道应该怎么做，但在实践中，可能仍然难以避免地采取一些无法控制的行为。这也是我们在处理实际情境时可能会遇到的问题。①

在爬行动物脑的层面，还有一个对我们行为产生重要影响的因素。在面对危险等特殊情况时，人类基本上有三种反应：

---

① 神经科学研究揭示了我们的大脑在行动时实际发生的情况。在《科学美国人》（Scientific American）的一篇文章中，加州理工学院的克里斯托夫·科赫（Christof Koch）教授谈到了一个事实：大量实验证明，在你有意识地决定采取行动之前，你的行动意愿已经在你的大脑中确定了。"后续的实验也证实了这一点。大脑活动（准备电位，readiness potential）在人们有意识做出行动决定的前半秒，甚至更早的时间已经开始。大脑在思考决定之前就开始行动了！这一发现完全颠覆了人们根深蒂固的关于心理因果关系的看法。"换句话说，行动在有意识的决定之前已经开始了。

战斗、逃跑，或者僵死。想象一下，原始人在森林中狩猎，突然遭遇一头熊的情景。如果逃得掉就逃，如果逃不掉就打，先观察能否打得过，再决定是否逃跑。而如果打和逃都行不通，我们的下意识反应就是"装死"。这是一种适应性的自发反应，不是经过理性思考后的反应，而是由大脑中下层，即爬行动物脑或古哺乳动物脑发出的指令，在人类理性脑思考之前就做出了反应。

尽管人类经过了漫长的进化，但这种反应模式仍然深深地存在于我们的行为中。我们回到现实，看看在商业环境中，人们是怎么做的。在交易市场迅速下行的行情中，持有多头的人可能会迅速止损，选择逃掉。有的人可能选择逆市而行，不断加仓，迎面而战，试图扭转局势。还有一些人可能会完全无法做出反应，僵持在原地，无法进行任何操作。这种交易情境，实际上是我们大脑运作程序的一部分，与人类进化过程中和熊搏斗的场景非常相似，这些反应深植于我们的无意识中。

这些无法由人类理性脑控制的反应是我们难以用理性去规避的，因为它们源自大脑中下层的指令。所谓的理性分析虽然高明，但已经慢了。试想一下，在恐惧的时候，告诉自己不要害怕可能并不奏效，因为自己已经恐惧了。要有效地管理情绪，仅仅通过理性控制是不可能的。[①]

---

① 情绪调节领域的很多研究表明，情绪调节是通过前额叶皮层对杏仁核等情绪相关脑区进行调控发生作用的。其中，中正就是一种调节方法。

第二节

情绪管理的核心：中正

如果理性难以应对情绪的冲击，那当情绪影响决策的时候，我们应该怎么办呢？

记得一位心理学家讲过这样一个故事：一位职业经理人突然被老板莫名其妙地责骂了一顿，虽然他备感委屈，但因为家庭生计，他不敢造次，努力控制自己，没有爆发。然而，这种情绪并没有因为他的"情绪控制力"而慢慢消散。回到家，他觉得老婆菜炒咸了。如果他是妻管严，不敢对老婆发飙，当饭后发现儿子作业写错一道题时，就会臭骂儿子一顿；如果他教育理念清晰，没有对儿子乱发脾气，他家的狗可能就会莫名其妙挨一脚……情绪是一种能量，就像蒸汽机中的蒸汽，总是需要找到一个宣泄的出口，硬压会反噬自己，造成身体或心理的问题。承认、允许、适当地表达情绪是至关重要的。

是人就会有情绪，我们不排斥情绪，也不控制情绪，恰当的处理方式首先是承认自己的情绪。本章开始时提到，情绪从根本上讲，对我们有重要的积极意义。如果没有恐惧，人对危险就不会做出反应，如果莽撞乱冲，个体可能早就不存在了，恐惧保护了我们；贪婪也在保护我们，告诉我们必须储备一些常规需求之外的资源，在夏天和秋天多储备一些，才能增加自己活过冬天的概率，没有人知道冬天会多长、多冷，虽然春天终会到来。

不管是面对所谓正面的还是负面的情绪，我们都要承认自己的情绪，允许情绪，有机会还要让情绪得到适度的表达，我把这种处理方式称为与情绪共舞。关于与情绪共舞，我想起了电影《侏罗纪世界》里的场景，公园管理员不慎掉入迅猛龙的兽栏里，被两只凶猛的迅猛龙围上，当时男主角欧文进入兽栏，用目光和身体姿势稳住迅猛龙，救出了管理员。反派头目一直梦想驯养迅猛龙来为他作战，但是迅猛龙极其凶悍和狡猾，无法被控制，他看到这一幕，就惊讶地问男主角："你是怎么控制它们的？"男主角回答："我没有控制它们，我和它们建立关系。"每当提到情绪的时候，我就情不自禁想起这幕电影场景，迅猛龙就是我们的情绪，我们无法控制它，我们能做的是和它建立关系，和它共舞，这是情绪管理的高级策略。

情绪管理的艺术：与情绪共舞，寻找中正之道

在有效的情绪管理中，我们并不去控制情绪，而是与情绪共舞，其中心法的关键是中正。

什么叫作中正？我用陀螺来作一个比喻：大家知道，陀螺要保持旋转，它的重心就必须保持在与地面接触的垂线上，不能偏，否则就会倒下。中正可以理解为那个重心，不管在什么情况下，让自己的重心回到与地面接触的垂线上，这样才能保持平衡。中正就是我们内在的重心，内在的平衡点。情绪本身都有积极的意义，但情绪只是我们的一部分，我们不能被它淹没，以至于和生命中其他部分失去联结。当我们被情绪淹没的时候，我们可以通过联结中正点，找回平衡。

中正，"中"者，不偏不倚，泰然自若；"正"者，正道也。英文一般用"being centered"这个说法，占住中间点，保持平衡，保持冷静，不被情绪带偏。

状态决定决策的效果，做出良好决策的前提，就是中正的状态。

案例：中正状态帮助汤姆·布雷迪取得非凡成就

我在波士顿麻省理工学院念博士期间，正逢汤姆·布雷迪（Tom Brady）效力的新英格兰爱国者队第一次拿到了美国国家橄榄球联盟（NFL[①]）冠军赛——超级碗的总冠军。他是美式橄榄球历史上最伟大的四分卫[②]，没有之一。他在个人职业生涯中获得了 7 次总冠军，超过了 NFL 获得总冠军最多的球队获得的总冠军数。2000 年，汤姆·布雷迪参加 NFL 选秀，由于球探报告上的"速度慢、手臂力量差、无法送出长传"等一系列"差评"，他几乎落选，直到倒数第 2 轮 199 顺位被新英格兰爱国者队选中。

但是，汤姆·布雷迪后来获得了巨大的成功。第一个

---

① National Football League 的首字母缩写。
② 四分卫是美式橄榄球最重要的一个位置，是球队组织进攻的领袖。

赛季，布雷迪仅仅是球队的第四顺位四分卫，几乎没有人认为他这辈子可以上场比赛，他随时可能永别职业橄榄球赛场。然而第二个赛季开始时，由于主力四分卫受伤，布雷迪一跃成为首发四分卫，此后再也没有人能撼动他的地位。布雷迪在速度和身体素质方面，没有任何优势，但他最厉害的地方在于他在关键的时刻能够保持冷静，这真的让人印象深刻，也让人赞叹。

布雷迪的神奇在于，很多比赛在最后一分钟还落后，但最终都被他逆转了。他能够带领球队在巨大压力下取得胜利。最经典的是 2017 年的那场球赛，布雷迪带领爱国者队在超级碗与亚特兰大猎鹰队争冠，比赛超过三分之二时，落后 25 分，相当于足球比赛进行到 65 分钟时以 0∶4 落后，谁都认为比赛已经没有悬念了。结果却是，布雷迪再次成为奇迹创造的代名词。在他的带领下，爱国者队绝地反击，抹平分差，进入超级碗史上第一次加时对决，并最后胜出，这场比赛被很多媒体誉为美国体育史上最伟大的逆转。布雷迪本人再次获得超级碗最有价值球员。赛后，布雷迪讲的一段话让我终身受益："在面对极度困难的情况下，不要放弃，但也不要急于扳回，退一步，缓一下，然后继续往前打。"

这种耐心和冷静，是他取得巨大成功的关键，他不会

被对手打乱节奏，也不会让盲目的自信蒙蔽了判断。这
种心理素质使得他能够在巨大的压力下，在关键时刻做出
正确的决策，该怎样就怎样，和平时一样，不莽撞，不勉
强出手，有机会时果断出手，履险如夷，从而获得最后的
胜利。

我们的人生就像赛场，各种商业竞争也是如此。在关键时刻，
我们是否能够冷静地发挥我们平时的水平？很多时候，我们
会在关键时刻不知所措，甚至犯错，因为面对压力，我们可
能会做出不明智的决策。尽管本来并没有太大的问题，但压
力可能让问题不断放大。因此，我们可以从布雷迪的例子中
得到启示，在关键时刻保持冷静，按照自己的能力去应对挑
战，不被情绪左右，不被压力压垮，将平时的努力和准备转
化为成功的机会。无论是在体育比赛还是投资中，冷静和稳
定都是取得胜利的关键要素。

这其实就是一种中正状态。在情绪波动时，我们应该向一枚
旋转的陀螺学习，始终让自己的重心与地面保持垂直，保持
平衡，保持稳定。中正并不意味着没有情绪、没有焦虑感、
没有挫折感，而是不被情绪淹没，保持冷静。

贪婪和恐惧

即使不是压力超大的竞技体育总决赛，平时我们在商业决策中，很多时候也做不到中正，常常不知不觉地偏离了平衡状态。其中常见的原因是贪婪和恐惧，尤其是在投资中，人们常说贪婪和恐惧统治着市场。

人的本能反应是在自然界长期进化中形成的，它们不受理性控制，比如前文讨论过的战斗－逃跑－僵死模式，这里我们再讨论一个最基本的"趋"和"避"的反应——趋利避害。比如，当我们看到自己喜欢的食物或一个有魅力的异性，我们会下意识地想要靠近，这就是"趋"的反应。虽然外在不一定有动作，但是心灵在移动。相反，当威胁来临时，我们就会本能地采取"避"的行动。在现代社会，我们基本不可能遇到野兽袭击，但是对很多社会压力和危险的反应，本质上还是和原始人遇到野兽时的应激反应一样。一个平时活泼伶俐的人，看到威严的老板可能就会想逃，或者言语举止失措，这是因为我们无意识中把老板当成了威胁，仿若原始人遇到野兽。

在现实商业决策情境中，人的"趋"和"避"是怎么表现的呢？以金融行业为例，在从事投资交易的时候，我们很容易被恐惧和贪婪所左右：贪婪可以说是"趋"，趋向有利的可能；恐惧可以说是"避"，避开不利的可能。

当人被恐惧的情绪围绕时，脑海中想象的危险场面瞬间就能把我们理性的大脑淹没，以至于无法全面地、客观地看待当下、看待现实，从而很难做出正确的决策。当人陷入贪婪时，要了还想再要，明明该适可而止了，却还勉强为之。人陷入这样的欲望中，就好比陷入了沼泽或漩涡中，被内心的贪欲吸住，无法全面地看待局势，平衡各种需求和利益。恐惧时只看到不利的情况，看不到有利的情况；贪婪时只看到有利的情况，看不到不利的情况。

就我个人而言，在期货期权交易中，恐惧的影响或许还不是最大的，因为它能帮我避免潜在的风险。尽管可能没能获得更多的利润，但至少我能够维持生存，避免过大的损失。然而，贪婪往往让人坠入深渊。当市场朝着有利的方向发展时，贪婪会让人误以为自己能够掌控一切。基于贪婪做出的决策，一旦市场发生变化，就可能会带来巨大的损失。

在交易中，我们还存在一种害怕错失良机的心理。机会难得，所以人总在寻觅良机。有时候，我们因担心错过一个好的交易机会，而无法辨别，陷入只考虑有利情况而完全忽略风险的局面。实际上，这也是贪欲的一种表现。因为害怕错失，我们匆忙出击，结果可能一脚踏入陷阱而不能自拔，这是导致重大亏损的常见情形。很多大的亏损并非因为在市场下行时错过止损机会，而是在市场形势顺利时过于贪婪造成的。

面对贪婪和恐惧，最好的对策就是保持中正状态。我想分享《大学》中的一句话："知止而后有定，定而后能静，静而后能安，安而后能虑，虑而后能得。"这句话是对我们恢复和保持中正状态的一个很好的概括。它是一种东方智慧的体现，也是一套实用、可操作的心法。

被情绪淹没不能自拔

一旦被情绪淹没，要从中抽离出来就不是容易的事。看人挑担不吃力，但当你真正深陷某种情绪时，自拔需要相当的修为。

早些年，我经常周末和北京金融圈的一些朋友打得州扑克，常常打到深夜。有位牌友是基金经理，身体壮实，精力旺盛，他的纪录是有一次从周五晚上连续打得州扑克到下周一早上。吃饭时，他就在打牌的茶馆包间点一些面条和小食。

不久后，他遇到了一位心仪的女孩并结婚，但他的生活方式并没有改变。他的妻子很难忍受他因为打牌周末一两个晚上都不回家。虽然他发誓再也不打牌了，但仍像着了魔一样，情绪失衡，输了想赢回来，赢了还想赢更多，始终无法摆脱这种情绪状态。

有一次，他周五下班后赶到茶馆打牌，一直打到晚上大约 12 点多，他妻子打来电话，询问他什么时候回去，他回答马上就回，妻子说她开车来接他。大约过了 30 分钟，他又接到了电话，妻子说已经在茶馆门口了，他回答说再给他 5 分钟。然而，5 分钟过后他还是没有起身离开。再过了十几分钟，他的妻子第 3 次打来电话。我记得很清楚，他当时居然将电话关掉了，他的心完全被卡在扑克里。我不知道后来发生了什么，但是再也没有听他说起过妻子，他周末打牌再也没有人叫他回家了，是不是离婚了，我们也不敢问他。

情绪只是我们的一部分，被它淹没时，我们会和生命中其他部分失去联结。我们想要从被情绪淹没的状态中挣脱出来，可以通过联结到中正点，逐步找回平衡。

通过觉察保持中正

觉察是心态和情绪管理的核心，可以帮助我们意识到失去中正，然后找回中正，保持中正。第一章介绍了觉察，根据本书的视角，觉察就是意识知道无意识的状态，对此第一章中有详尽的描述，但是对于觉察，如果没有切身的体验是很难完全明白的。学习觉察必须依靠练习和体验。

在觉察中，让想法、情绪和感觉都浮现在心中，重要的是让所有经历和体验，包括感觉、想法和意念，从内心流出去，而不是牢牢抓住那些经历和体验，或者将经历和体验推开。其中的诀窍是不被想法或感觉牵着走。我们可以去看、去观察，但是不要搭上思维、想法的火车，即所谓的"如是"。

当代正念 ① 发起人卡巴金（Kabat-Zinn）博士认为觉察是有意识的，不加评判的，用当下产生的一切觉察了解自己，滋养智慧。观察的核心就是让情绪、想法、感觉、冲动来去自如。

觉察与中正

当我们遇到情绪干扰时，最重要的是能够觉察到这些情绪，并从中跳出来，不被困在其中。通过觉察，我们意识到失去中正，然后找回中正，保持中正。

觉察情绪，去掉评判，去掉预设，去掉分析，去掉解释，不给建议——带着好奇心观察，放下想要控制的心理（这也是优秀的心理咨询师面对来访者的良好状态。在本节后面我们将深入探讨这个问题）。这时没有理性和头脑逻辑的参与，"承认"自然而然的发生，身心放松下来，完全进入当下。

---

① 正念指有意识地关注和觉察当下的一切，而对当下的一切又都不做任何判断、任何分析、任何反应，只是单纯地觉察它。它和本书对于觉察的理解是一致的，从某种意义上说，本书所称的觉察，也可以定义为正念。虽然作者从来没有学习过正念，但是正念源于冥想和禅，和作者体悟到的觉察同源。

"你永远也无法离开你从未到达过的地方。"这是情绪聚焦疗法（Emotionally Focused Therapy，EFT）创始人莱斯利·格林伯格（Leslie Greenberg）教授提出来的。只有到达才能离开，只有满足才能消退，只有完成才能圆满。只有接纳了，才会满足，才会圆满，才会消退，才会有新的开始。

同时，这些方法一样适合处理我们自己的情绪。格式塔心理咨询有"五不"原则，"五不"指不评判、不分析、不解释、不预设和不建议；在心理咨询实践中还有个可总结为"三要"的原则，"三要"指要做镜子、要做容器、要共情。我们对自己的情绪也可以采用整合的"五不三要"原则，和自己的情绪共处，我们是参与者，同时也是旁观者。当我有情绪的时候，我允许自己有情绪，允许自己哭，允许自己生气、伤心、愤怒……当我们处在某种情绪状态时，可以找个安静的地方，试着坐下来，闭上眼睛，深呼吸，让自己待在那种情绪里，跟它相处一会儿，你将发现情绪会发生微妙的转化。当情绪化解之后，我们自然就进入了中正的状态。

第一情绪和第二情绪

达马西奥（Damasio）提出情绪分为两种：一种叫作第一情绪（Primary emotion），也就是原初情绪；另一种叫作第二情绪（Secondary emotion），又叫次生情绪。第一情绪是情绪的本源，是对环境的反应，是当下的，需要被表达；第二情绪不是当下的，是对自己感受的反应，往往是对第一情绪的反应，对第一情绪的掩饰、转移或防御，只有在它下面的第一情绪被看到、被释放以后，它才会自然释放。比如白天过马路，一辆大卡车突然从转弯处猛冲过来，你只能猛跑几步才能躲开，当时受到惊吓是第一情绪。第二次你又来到这个路口，没有一辆车，但是你也会左顾右盼，很害怕，不敢过马路，这是第二情绪，不是当下的。"一朝被蛇咬，十年怕井绳"，对被蛇咬的反应是第一情绪，怕井绳是第二情绪。人们很多时候受困于第二情绪，怎么挣扎都很难挣脱，只有深入觉察，看到后面的第一情绪，才能真正顺利地放下第二情绪。

第二情绪往往是过去积累的情绪与当前情况叠加而产生的。跳出第二情绪的控制往往需要更深的觉察，觉察到无意识更深的地方，甚至是集体无意识的内容。我们在与他人交往的很多时候，可能会因为一些小事情而将过去积累的情绪和创伤一起带入，这样很容易产生破坏性的影响。因此，真正进行情绪管理，最根本的就是处理和疗愈内心本源的创伤，这需要更强大的觉察，走到无意识更深的地方。只有当我们能够放下很多过去的负担和创伤时，我们才能有效地处理那些破坏性的情绪。

前面提到的职业经理人被老板莫名其妙骂了，当时他的第一情绪是委屈和愤怒，但是考虑到家庭生计，他不敢表达。如果回家因为老婆菜炒咸了或儿子做错题而发脾气，就是转移第一情绪，这对家庭、对孩子是有破坏性的。真正觉察到第一情绪的根源，才能更明智地处理情绪，比如通过冥想直接观照第一情绪——被老板责骂后的感受和情绪。

我又想起另外一个例子，我很希望儿子饮食中的蛋白质更丰富一些，这样儿子能长得更壮实一点。但是家中岳母做饭，以素食为主。我一直希望改变家中食谱，但是收效甚微，岳母自己吃素吃习惯了，吃荤喝牛奶不太舒服，便认为那样对孩子也不好。一次，我买了一些做汉堡的牛肉饼，希望给儿子做汉堡吃。第二天，我想动手做汉堡，打开冰箱发现牛肉饼没了，一问岳母，才知道她认为肉糜是用最次的肉做的，便把牛肉饼扔了。我非常恼火，但对岳母又不敢造次，第一情绪被压抑了下来。没过几天，我上班特别累，对情绪的控制力下降，回家后因为鞋子放在什么位置的问题对岳母态度不恭，我太太大怒，我更加恼火，造成了一场家庭"战争"。鞋子引发的"战争"背后更多的是第二情绪。后来，我们充分沟通，直接面对第一情绪，就儿子营养的问题达成共识，家庭变得比以前更和睦了。

放弃控制

这里再强调一下：放下想要控制的心理。做任何事情，都会受到反作用力的影响，而且可能会导致意想不到的后果。就像在太空中行走的宇航员（又叫航天员），他们越是努力挣扎，可能越动弹不得。

发现频道（Discovery）曾播出一部航天纪录片，我至今仍印象深刻。人类在太空行走，早期要用缆绳与航天器保持连接，没有人能成功脱离缆绳在太空行走。但是在 1984 年 2 月 7 日，美国宇航员布鲁斯·麦坎德利斯二世（Bruce McCandless II）

完成了人类历史上首次无系绳太空行走。在完全失重的环境下，根据牛顿第三定律，相互作用的两个物体之间的作用力和反作用力总是大小相等，方向相反，作用在同一条直线上。在太空行走时，宇航员向某个方向用力，实际上他可能会朝相反的方向移动。布鲁斯·麦坎德利斯二世说，在地面水池中训练与太空实际行走完全是不同的状态，进入完全失重的环境，越控制，越用力，就越难行，放弃控制反而能够行走。

这个太空行走的纪录片给了我很深的启示。人掉入河里，越挣扎沉得越快，当我们真正放弃控制的时候，我们反而能够成为命运的主人，所谓"无为之为"就是这个道理。对于觉察来说，放弃控制是一个根本的心法，如实地观察自己的情绪，承认和允许情绪，情绪反而会逐步消去，使人恢复和保持中正状态。对没有相应体验的人来说，上述过程可能让人费解，只有通过具体的冥想或其他觉察练习，逐步体悟，才能真正体会到这个心法的巨大威力！很多事看似悖论，却蕴含真理，只有放弃控制，我们才能获得真正的自由！

在本节最后，我们用大约 5 分钟时间，再进行一次相对完整的冥想，体会一下对情绪的觉察。我们可以选择睁着眼睛或闭着眼睛，可以选择最舒服的姿势。在冥想过程中，不加任何判断——好或者坏、对或者错、真或者假，纯粹觉察就好。放松下来，尝试超越控制，没有任何想改变当下状态的想法，不管这种状态舒服与否，让自己自由地感受当下。没有任何特定的目标，不去干预，让自己更加开放和敏感地感受世界。放下任何想控制、改变的念头，包括赶走让自己不舒服的情绪的念头，让一切自然地发生。

让我们开始吧！

【冥想练习：恢复中正平衡】

你好，我是汪滔。在接下来的时间里，我会尝试引导你从失衡的状态里走出来，回到中正、平衡、宁静的状态……

扫码听录音①

感受一下自己双脚有什么感觉，双脚大拇趾有什么感觉，双脚食趾有什么感觉，双脚中趾有什么感觉，双脚无名趾有什么感觉，双脚小拇趾有什么感觉。

① 所有录音仅为示例，并未与书中文字完全对应。——编者注

　　身边也许很宁静，也许有些或大或小的声音，只要把注意力集中到自己的感受上就可以了……

　　感受一下双手有什么感觉，双手拇指有什么感觉，双手食指有什么感觉，双手中指有什么感觉，双手无名指有什么感觉，双手小拇指有什么感觉。

　　看看眼睛能看到什么光。也许你的眼睛是睁着的，也许是闭着的。即使是闭着的，也好奇地看看有没有什么光，透过眼皮进来。

　　感受自己的呼吸。

　　感受每一次呼气，好奇地感受下气息是从左鼻孔出来还是右鼻孔出来，还是从双唇之间出来。

　　感受每一次吸气，感受吸气时身体皮肤接触内衣的感受。

　　好奇地感受下自己吸气能够吸得多深。是到脖子，到胸口，到腹部，还是更往下？

　　好奇地去听一下，是不是可以听到自己的心脏"怦怦"跳动的声音。

　　感受每一次呼吸、每一次吸气、每一次呼气……

　　当有念头起来的时候，不要与之对抗，慢慢地把注意力拉回到呼吸上就可以了。

　　看看是什么事情让你失去了平衡，失去平衡之后是什么情绪抓住了你？是贪婪，是恐惧，还是其他什么情绪？为什么深深地陷在这种情绪里面？

看看你的周围有什么物品能够最好地代表这种情绪，就在你的身边找一个。找到了吗？能够找到代表你的情绪的物品吗？

如果找不到，就让这种情绪留在你的心中。

想象自己走到房间的一个角落，回头再看看这种情绪，从远处来看这种情绪是怎样的？它是不是有形状？它是不是有大小？它是不是有颜色？

这种情绪给你的感受从远处看有什么不一样？

想象自己离开了这个房间，来到了大楼的外面，离情绪更远，这个时候你感受到情绪有什么变化？从远处看，它有什么变化？

现在走得更远，我们来到了城市的边缘，离这种情绪更远，在庞大繁杂的城市中，想象这种小小的情绪在城市的边缘会有什么不同。

想象我们来到更远的地方，很远很远，在飞机上，在很远的地方感受这种情绪，在一片蓝色的天空中，飞机穿过白云，在天上感受这种情绪。现在这种情绪是怎样的？有没有什么变化？

走得更远——想象我们来到太空里，回头再来看这种情绪有什么变化。在这么远的地方看这种情绪，它有什么变化？

想象自己慢慢地回到了房间里。

回到自己的呼吸上，感受一下自己呼气的气息：是从左鼻孔出去的，还是右鼻孔，还是双唇之间？感受每一次吸气的时候，皮肤碰触内衣的感觉，好奇地感受一下气息最深能够吸到哪儿。感受每一次的呼气……每一次的吸气……每一次的呼气……每一次的吸气……每一次的呼气……每一次的吸气……聆听自己心跳的声音，"怦怦"……

第四节

情绪管理的一些具体原则和方法

决策的状态决定决策的效果，先确保自己能够处于中正和平衡的状态，再去决策。在前面几节中介绍的觉察是心法的根基，实际操作的原则和方法也很重要。建立在心法根基上的原则和方法将更行之有效。本节介绍决策情绪管理的四个原则，以及一些具体的做法。

第一个原则：直面情绪

勇于直面情绪，是管理情绪的根本。直面情绪，识别、理解和接受个体当前的情绪状态，而不是回避或压抑这些情绪。

培养一种非评判的观察态度，使自己更能理解自己的情绪，从而更有效地管理情绪。

有了负面情绪，我们要去直面它，回避或压抑并不能解决问题，相反，可能还会使后果更严重。就像家里有了垃圾，把垃圾扫到床底下，好像是看不到了，其实是在骗自己，垃圾还在，时间长了会臭。正视垃圾，虽然不爽，但能促使我们去清理，并根本性地解决问题。情绪是一种能量，如果把它比喻成高压锅里的蒸汽，当高压锅的出气口堵住时，锅里的蒸汽能量就会累积。我们要正视问题，找办法放出蒸汽或者关掉煤气，积极务实地解决问题。如果不去面对这个问题，不管是回避还是压抑，最后都可能出大问题。

第二个原则：情绪困扰时避免决策

当发现自己不能保持平衡时，无论是情绪波动还是身体不适，都不要在这种状态下做任何决策，要以缓应急。这是一个基本的原则。车轮在转的时候，轮轴是不转的，但是轮轴歪了，车轮就无法平稳地运行了。这个时候不要勉强地继续开车，而要停下来，看看怎样可以让轮轴回到中正状态。

平静的湖面反映的是外在的环境，扰动的湖面反映的是自己的扰动。面临不利的事件时，我们的注意力通常会变窄，情绪会让我们失去感知当下环境中完整信息的能力，这意味着风险会显著增加。情绪高涨时，不管是愤怒、紧张、恐惧还是其他，我们的关注点实际上已经被这件事或某一个解决方案锁住了。一时间，世界上好像就剩下这个关注点了，其他的都看不见了，也无法全面感知事件所发生的环境里的其他因素。试想一下，如果你赶飞机或赶火车快要误点，你是不是就会变得焦虑不安？这时候，受到情绪的干扰，你的行为状态就会失衡，可能丢三落四，撞人摔跤，所谓顾此失彼。其实这趟车赶不上，下一趟也就在十几二十分钟以后。又比如，一个投资者在盈利的时候顺风顺水，就扩大规模，甚至借钱投资，只看到美好的可能，看不到风险，结果市场调整，一棒打来，非常被动。

当我们深陷情绪中时，不要急于行动，如果条件允许，就尽量争取时间调整状态，只有状态平衡后，才能进行决策。有时只要简单调整一下身体姿势，就可以松动被情绪淹没的状态，比如伸个懒腰、站起来走走、倒杯水喝。这些调整有时会有意想不到的效果。需要的话，还可以回家休息，打一场羽毛球，甚至去外地旅行等。

2005 年，我刚入职摩根士丹利，当时工作地点在纽约摩根士丹利靠近时代广场的总部。那天我中午出去办个手续，下午2：30 左右在回公司路上迎头撞上了华人同事大卫，他是地方政府债券交易台的交易员。我很吃惊地问道："这个时候交易已经收盘了？"他回答我说："不是的。我今天交易犯了个错，情绪波动大，状态不好，老板让我今天就别干了，回家休息一下，调整一下。"

第三个原则：不要让自己置身于悬崖边缘

不要让自己置身于悬崖边缘。如果总是把自己置于悬崖边缘，对个人的修行要求就太高了，可能只有极少数人能够在悬崖边缘上保持中正的状态。认识到自己是一个凡人，学会照顾自己，不用考验自己。我有一个朋友原来投资股票，后来想尝试投资期货，他说期货的损益波动几乎让他崩溃。我了解了一下，他基本保持满仓期货，只要股指稍微有一点波动，他就面临爆仓的风险。

在投资领域里，让自己离开悬崖边的一个方法是止损，尤其是带杠杆的交易。如果能够实施有效的止损，我们就能避免最坏的情况。许多时候，我们的情绪来自对生存的恐惧。了解最坏的情况，和不了解下面深渊的情况是完全不同的，知晓最坏的情况能够减轻我们的压力。

第四个原则：精心保养身心

坚持对身心的良好日常保养至关重要。"病来如山倒，病去如抽丝"，与疾病类似，情绪失衡来得很快，要从情绪失衡状态回归中正状态，却要缓慢很多。在日常生活中，维护身心的健康状态非常重要。比如，保持良好的作息习惯、均衡的饮食、适度的运动，以及采用一些具体的调节方法。这些都是非常有效的，能帮助我们恢复和保持中正的状态。有一点请注意，具体的方法多种多样，你要自己摸索，找到适合自己的，不一定仅限于下面列举的方法。

1. 深呼吸

深呼吸是让我们在很短的时间内帮助自己恢复平静的常用方法，它简单易用，而且随时随地可用。在我们面临很大压力时，大脑会被中下层爬行动物脑或古哺乳动物脑控制，容易做出以后会让自己后悔的决定。这时，一个有效的方法是深呼吸，因为呼吸是少有的、主要由爬行动物脑控制且人类理性脑也可以控制的基本生理活动。大家可以体会一下，如果情绪出了问题，自己的身体状况会怎样，呼吸会怎样。如果这个时候去管理呼吸，就可以很巧妙地管理我们的无意识，缓解压力，回到中正状态。

但遗憾的是，很多人在关键时刻，可能根本想不到要去深呼吸。如果每天坚持练习深呼吸，并养成习惯，那么对我们维持状态将有重大帮助，更重要的是，在情绪失衡时可以通过深呼吸来调整。

建议做深呼吸练习时，不仅仅简单地呼和吸，还要觉察深呼吸时的感觉。吸气的时候气息最深吸到什么地方？是到胸口、到肚皮，还是更深？呼气的时候气息是从左鼻孔出去，还是从右鼻孔出去，或是从双唇出去？感受每一次呼吸，全心全意地把注意力放在当下呼吸的感觉上。

2. 睡眠

管理情绪不一定需要高深的方法，比如冥想等，虽然冥想非常有效！实际上，不少日常的、简单的方法就很有效，比如，保证充足的睡眠便是有效的方法之一。一个人能得到充分的睡眠，就容易保持中正。

很多人把自己的身体当成了一部机器，一按按钮，身体就要运作起来，说某个时间起床就得起来，或者让睡觉就要睡着。又比如，某顿饭身体其实不想吃，但遵循三餐的规矩，一定要去吃，哪怕胃可能积食难受。我们应该做的是真正和身体联结，尊重身体的感受。现在，我感觉到累的时候，一般都会顺从身体的要求，设法去睡觉，除非有火烧眉毛的急事。这看起来很简单，但是对调整状态、稳定情绪、保持中正却行之有效。

记得有一次，我请了一家著名国际大宗商品贸易公司的中国区负责人来交易课上做讲座，这些大宗商品贸易公司一般进行的都是期现结合的交易，也就是期货和现货同时交易，这对交易员造成的心理压力极大，因此要求交易员具备一流的心理素质。讲座上有同学提问，在招聘交易员时有什么要求。负责人介绍了招聘新交易员的一些原则，其中一条是，他会询问应聘者，在遇到重大事件时，他们如何保证睡眠，休息状态如何。这后面有很深的用意，当一个人遇到重大挑战时，如果无法保持良好的睡眠，他的判断能力和决策能力一定会受影响。

3. 冥想

关于冥想，我们在第一章中已经做了具体介绍。冥想是修习觉察的一种方式，可以有效帮助我们恢复中正，保持中正，恢复身心平衡。每天坚持练习冥想对保持中正的状态是非常有效的。如果我们发现情绪失衡，那么进行一次冥想将有助于情绪平静下来。

可以根据自己的喜好，采用适合自己的冥想方式：如果观呼吸更有用，那我们就觉察自己的呼吸，从而感受当下，觉察自己的状态，保持中正；如果听声音更有效，则可以练习专注于聆听声音的冥想，觉察自己的状态。冥想中，一念代万念的着手点可能不完全相同，有些人通过听觉或触觉，有些人则通过视觉，有些人甚至通过嗅觉和味觉。方式和着手点不是关键，关键是觉察，通过觉察帮助自己保持中正。

4. 慢跑

慢跑能够达到一种类似冥想的作用，跑到一定程度时，会出现大量深度呼吸，身心会随着脚步的节奏逐渐进入共振，意识和身体及感受会再一次进入觉察状态，杂念会渐渐平息，人会完全活在当下。一直跑步的朋友可能会对此有所体会。此外，坚持慢跑，保持良好的健康状态，对于觉察和中正也有重大意义。

5. 站桩

除了慢跑，中国传统文化里也有很多方法非常有效，比如站桩。我知道一个专业交易员朋友练站桩，甚至交易时也不坐椅子，在电脑前站桩，以此来帮助自己稳定情绪和状态。站桩要求意守丹田，呼吸的时候把注意力放在下丹田上面。

此外，还有其他各种有效的方法，比如洗澡、听音乐、打太极拳、打高尔夫等，不一而足。

我有一个朋友，他的公司上市了。每当他需要做重要决策时，他会花半小时、一小时甚至更多时间淋浴，在舒适的温水的冲淋下，他逐渐进入中正的状态，再看乱麻一样的事务，一下子便通透、豁然开朗起来，相应的决策也随之明朗。决策的效果取决于决策的状态。

我自己常常会采用一种方法——整理，特别是在情绪被扰动、状态涣散的时候，我会进行整理，整理书桌、整理房间、整理工作计划……在整理过程中，我的情绪会逐步舒缓下来，回到中正的状态。

总之，有许多不同的方法，每个人都可以探索适合自己的方法。建议读者在平常的学习和工作中，做一个有心人，找到适合自己的方法，这很有意义。

以前，我认为超强的情绪管理能力、超强的心理素质是天生的，无法通过后天习得，但是我这些年练习觉察的经历和工作中的交易实践，让我改变了看法：通过后天的努力，我们是可以大大提高情绪管理能力、提高压力情境下的心理素质的。

第三章

统整理性和感性，提高决策水平

在前面两章中，我们探讨了决策的根本：当下看清现实和情绪中正稳定。在本章中，我们将谈谈具体的提高决策制定水平的方法，特别是统整理性和感性，这是提高决策能力的神奇法门。

感性是决策体系中有机的组成部分，这是本书的重要观点之一。一般认为，决策越理性，效果越好；感性是理性的障碍，会影响理性决策。我的观点是，理性的特点是有系统性，但是耗时、耗资源；感性的特点是有动态的实时性，但是缺少严谨的逻辑结构。在现实中，有机地整合两个系统，发挥综合优势是至关重要的。仅依靠理性或仅依靠感性都可能是有局限的。如果可以尊重感性的启示，并与理性的知识相结合，那么，对提高决策水平会起到超乎想象的巨大作用。

第一节

理性与感性

作为一位获得诺贝尔经济学奖的心理学家，丹尼尔·卡尼曼（Daniel Kahneman）在《思考，快与慢》（*Thinking, Fast and Slow*）一书中采用由心理学家基思·斯坦诺维奇（Keith Stanovich）和理查德·韦斯特（Richard West）率先提出的术语，提出大脑存在两套系统，即感性系统（系统 1）和理性系统（系统 2）。

感性系统（系统 1）的运行是无意识的，通常是瞬间的反应，无须脑力，完全处于自主控制状态。比如，躲开向你驶来的汽车，察觉照片中人物的情绪等。所有这些事你都是瞬间完成的，下意识的直觉直接告诉你答案。理性系统（系统 2）

的运行则是有意识的，速度缓慢。理性系统运行方式多种多样，但都需要集中注意力，一旦注意力分散，运行就不能持续。比如，从两张相近的图片中挑出不同的地方、做一道函数演算、赋诗一首、填写高考志愿等。所有这些事都需要你始终保持注意力集中的状态，脑力消耗相对感性系统来说要大一些。

我们不可能什么事情都靠理性来控制，很多"分工"要靠感性来运作。举个简单的例子，我们走路，是动用理性的控制系统吗？不是的，我们想走就直接走了。如果我们要用大脑的理性系统来控制每一块肌肉，那么会是怎样的结果？大家可以试试，不光是别扭，甚至无法行走。《庄子·秋水》里邯郸学步的故事讲的是，燕国寿陵有个少年，他听说在赵国都城邯郸，人们的走路姿势非常优美，就前去邯郸学习，结果不仅没有学会邯郸人走路的姿势，而且连自己怎么走路都忘了，只能匍匐爬回寿陵。

在我们的决策中，常见的观点是认为越理性越好，认为感性的系统1不靠谱，理性的系统2靠谱。但实际上，过度理性也是有问题的，过于执着于理性而忽视感性，并不符合自然法则。理性负责分析、综合、推理、判断，考虑周详、系统，但通常较为缓慢。比如，在瞬息万变的市场环境下，如果什么事情都要通过理性算清楚、想清楚，那就要看我们有没有能力这么快地算清楚、想清楚。相对而言，感性的反应极为迅速，往往是瞬间的感受，尽管有时考虑不够周全，但这并不排除感性的直觉中包含丰富的信息。当然，感性也有它的局限，它盲目、冲动，直觉告诉我们的，的确"未经思考"。如果冲动得不到控制的话，可能就会掉到沟里。所以，把理性和感性良好地协调在一起，统整它们，才是正解。

比如在招聘直属员工时，应聘者简历上的经历都很出色，985名校学位，各种职业证书齐全，但面试感觉不对，那还是要更多地观察和斟酌这个人。人的感觉、人的直觉，往往是积淀了大量的经验得出的第一反应，往往不是偶然的。而且，在人和人交往的过程中，无意识的感受往往也会深刻地影响互动，如果对这个人感觉不舒服，那么对以后日常的合作也会产生微妙的影响。很多时候，如果我们忽略这些感受带来的信息，就会对日后的合作和团队产生无法预计的负面影响。

譬如在投资交易领域，通常我们只是说去建立一套交易体系，但其实，盘感是很重要的一部分。盘感，即交易直觉。要有效地把理性的分析和感性的内容、系统的交易原则和即时的交易直觉，有机地整合在一起。国内券商招聘交易员时，往往看重名校硕博学位，而华尔街投行往往青睐运动员，运动员往往具有很强的感性系统（系统1）。当年我在纽约摩根士丹利时，身边的很多美国交易员有运动员背景，而因为我从事的是复杂的期权交易，所以他们才看重我的理性系统（系统2）优势。据说，冲浪运动员特别适合从事交易员工作，因为浪头的起伏和市场价格的涨跌有着相似的感觉。

理性与感性的统合，就是要让大脑的两个系统协调合作、高效运行，让感性在良好的状态下觉察到更全面、准确的信息，让理性的思考发挥逻辑方面的优势。其中，有许多因素属于无意识范畴，即非线性、超越逻辑的。实际上，最终达到的状态是一种体悟，我们的身体可以立刻感知到这是真正能够应用的东西。我们的理性知道很多道理，而能否真正做到才是关键。在这方面，体悟是至关重要的，因为它是我们的身体对于真相的直觉认知，而不仅仅是理性上的理解。

一方面，我们强调不断提高自己在专业领域知识的习得，提升自己的分析和逻辑思考能力，不断拓展自己的理性边界。另一方面，我们要更顺畅地连接感性、培养直觉、提高感受信息的能力，这会大大提升我们在瞬息万变的环境中有效决策、把握机会的能力。这方面的培养往往被忽视，我们从小到大接受的教育大多是关于理性的内容。那么，我们怎样去培养、修炼感性能力呢？让我们试试下面的决策冥想练习，体悟一下。

我们在做决策冥想练习时，有些读者可能比较容易做到觉察，但更多人可能还觉察不到，这并没有关系。唯一需要做的是让自己平静下来，而不是去思考，聆听自己的无意识，然后再做决策。

现在我们进行一次冥想预练习，感受一下自己呼吸的感觉。当你吸气的时候，气息可以深入到哪里？是脖子、胸口，还是更深处？而在呼气的时候，气息是从左鼻孔出来，还是从右鼻孔出来，抑或是双唇之间？

感受每一次的呼吸，当出现任何思绪或念头时，将自己的注意力拉回到呼吸的感觉上，将注意力完全集中在自己此刻的呼吸上，与此时此刻的感受在一起。

持续 3 分钟时间……

现在请大家根据自己的节奏，慢慢地回到周围的环境中。接下来，我们一起做一个简单的练习，思考如何进行决策。

原则是，在冥想过程中，专注于感受，而不是理性思考。

请事先找一个困扰自己的问题，问题越重要越好。这个问题可以是一个影响较大的家庭生活决策问题，譬如找工作、换工作、孩子择校问题等。也可以是平日投资的问题，比如选择买哪只股票。确保找到一个真正让你在意的问题。接下来，我们将尝试通过冥想来帮助大家进行决策。

不评判，不分析，不解释，不预设，不建议。把问题放到冥想里，就是把这个问题客观地呈现在自己眼前，你感受一下，当这问题出来时，身上有什么感觉，或者有什么冲动，或者有什么情绪？有些读者脑海中可能还会直接冒出来图像或者语言，非常重要的一点是，先不做评判，我们现在看到了或听到了就可以了，超越真和假、好和坏、对和错，先不做评价，如实地、如是地去感受。

请你感受一下，当这个决策问题浮现时，你在身体上产生了什么感觉。比如，你在交易中难以止损，你可以将这个情境带入冥想中，观察自己当时的状态、感受和情绪。也许在你脑海中会浮现出相关的图像，揭示出当初你面对不止损的困扰时，无意识出现的画面。

大家有没有一件具体的事情可以思考呢？确保你在一个特定的情境中，因为这样你才能产生真切的感受。而且要选择你在意的事情，这样你才能更好地体会和了解怎样通过感性进行决策。

【冥想练习：决策冥想】

你好，我是汪滔。在接下来的时间里，我会帮助大家在平静的状态里进行决策……

感受一下自己双脚的感觉。

双脚大拇趾有什么感觉？

扫码听录音

双脚食趾有什么感觉？

双脚中趾有什么感觉？

双脚无名趾有什么感觉？

双脚小拇趾有什么感觉？

身边也许很宁静，也许有些或大或小的声音，只要把注意力集中到自己的感受上就可以了……

双手有什么感觉？

双手大拇指有什么感觉？

双手食指有什么感觉？

双手中指有什么感觉？

双手无名指有什么感觉？

双手小拇指有什么感觉？

看看眼睛能看到什么光？也许你的眼睛是睁着的，也许是闭着的。即使是闭着的，也好奇地看看有没有什么光透过眼皮照进来。

感受自己的呼吸。

每一次呼气，气息是从左鼻孔出来，还是从右鼻孔出来？或者从双唇之间出来？

感受每一次呼气，好奇地感受下气息是从左鼻孔出来，还是从右鼻孔出来？或者从双唇之间出来？

感受每一次吸气，感受吸气时身体皮肤接触内衣的感受。

好奇地看看自己的气息能够吸得多深？是到脖子，到胸口，到腹部，或者更往下？

感受每一次吸气，好奇地看看气息能到多深。

好奇地去听一下，是不是可以听到自己心脏"怦怦"跳动的声音？

感受每一次呼吸，每一次吸气，每一次呼气。

当有思绪或杂念起来的时候，不要与之对抗，慢慢地把注意力拉回到呼吸上就可以了。

感受每一次吸气，感受每一次呼气，好奇地听一下，能不能听到自己心跳的声音？"怦怦……"

你需要做什么决策？有什么重大的事情需要你以更清晰的头脑、更清晰的状态来处理？

再想一想那个问题，那件你需要决策的事情，感受一下这件事、这个问题。

在深山里有一个湖，在平静的阳光下没有一丝波纹，湖边有郁郁葱葱的树，树林里有各种小鸟在欢乐地歌唱，清澈的蓝天上只有一两朵白云，它们既飘在天上，也倒映在湖面上。

湖面完全平静，倒映出蓝天，倒映出树林，有一阵微风在湖面上轻轻地搅起了涟漪。当湖面完全平静的时候，它能够映照出蓝天；当湖面有扰动的时候，其实反映的只是自己的扰动。

微风过去，湖面又恢复平静，非常平静。在这种平静里，把你需要决策的问题带出来。把这个问题放在这种非常平静的状态里来看一下。

第二节

协调理性与感性的三个决策原则

如何将统整理性和感性具体应用在我们的商业决策系统之中？建议注意如下几个原则。

原则一：在理性的分析和感性的直觉保持一致时才行动

如果理性思考出一个决策，但感性告诉你不妥，就不要行动；反过来，如果感性让自己行动，但理性上分析有问题，也不要行动。在理性和感性任何一方面出现背离时，都不要行动，选择不行动反而可以大幅提升我们的决策效果。理性分析出来有问题，就不行动，这个道理我们都明白；但是感觉不对时不行动，这与我们通常的理解不同。其实，在本书中，一个重要的观点就是尊重感性，重视感性带来的信息，小心行事。如果大家在实践当中尝试践行这个原则，就会发现它的妙处，它能帮助我们避开很多陷阱。

我认识一位高管，他说他的各种决策效果都不好。决策时，他只是看数据，看各种指标，但是完全无法感受到自己。在做冥想练习时，他甚至无法感受到自己的呼吸，几乎和感性割裂。通过纯粹理性的模型看这个世界，有时是相当困难的，真实的世界是高度非线性的，具有高度自相关性和互相关性，而我们的理性模型则是线性的，缺乏这些复杂性。前文我们提到招聘员工面试时的直觉很重要，这位高管抱怨招的人都不好用，这和他无法感受有相当大的关系，很多感性的信息对我们的决策有重大价值。

当然，强调感性在决策中的作用，绝不是否定理性的重要性，理性是至关重要的。即使直觉良好，但如果理性认为不对，也不要轻举妄动。我前两年有一个教训。当时，我心里有做多铜期货的冲动，但理性的风控计划告诉我不能着急行动，必须耐心等待更好的机会。我那天正好出差，从早上到晚上，理性控制住了自己的冲动，但是当晚和客户喝了酒，酒后的我，理性上失防了，我在卫生间里用手机完成了那笔交易。后果可想而知，最终只能止损出局。

原则二：平静状态下，充分准备，计划一旦确立不轻易改变

以理性为边界，在边界内信任直觉。在局外心态平和的时候，认真思考，详细制订一个周密的总体计划。这是发挥理性作用的关键时刻。入场执行计划时，如果没有确切的原因，绝对不改变原来的计划。除非遇到原先没有计划到的情况，且有重大损失的风险，才可以随机应变，调整计划。

这样做的主要原因是必须意识到视角的重大影响。在决策时，"横看成岭侧成峰，远近高低各不同"，我们受制于当时的视角带来的局限和盲点。是人都会有盲点，比如我们开车时，左右后视镜都可能有盲点，如果我们漏看侧后方的车，就可能造成错误决策，酿成车祸。在局外，要心态平和，状态中正，这样才能够统观全局，让理性适时运作，按计划进行。

一旦入场真正开始操作，视角就不同了，进入局内，要保持中正的状态难度也更大。

这一点，我自己在投资交易实践中，感触非常深。我们在局外制订计划时，心往往是平静的，"独上高楼，望尽天涯路"。一旦入场，自己手上有仓位和没有仓位的，心态是完全不一样的。持仓时，我们离市场太近，市场短期波动，情绪随时波动，如果引发战斗－逃跑－僵死机制运作，就很难保持客观，并中正地做出决策，心理上会出现各种过山车式的冲击，"为伊消得人憔悴"。可能原来计划一年长期持仓，却因短期一个回调造成仓位在惊恐中丢掉，再也捡不回来；可能眼前一个支离破碎的消息引发了自己的贪婪，让自己没有经过深思熟虑仓促入场，然后被套。

事先在平静的状态下制订一份完备的计划，还有一个重要的考虑是，如果不提前做好计划，到了实际操作时就来不及思考清楚，也很难看清明确的方向，因为理性的思考、缜密的计划，需要数据，需要模型，更需要时间。为了达到理想的效果，除了需要拥有知识和经验，还必须投入大量时间和专注力。

有了完备的计划，在进场后遇到困惑时要紧随原有计划，除非有充分确凿的原因，否则不轻易改变。要清晰地意识到，这些计划是在身处局外时，能够更客观、清晰地看待事物的状态下做出的。进场后，由于受到欲望、情绪等多种因素的干扰，决策质量会比事先的计划差很多。临时做出的改变原计划的决策，效果通常都不理想。但是，不代表原先的计划是不能随机应变的，随机应变主要考虑如下原则：出现了突发事件或新的信息，造成原来计划的决策前提或重要依据不再成立，且可能导致我们遭受重大损失。用一句话总结就是：有确切的原因，才可以改变原来的计划。这就好比美式橄榄球比赛中的判决重审机制。虽然裁判根据球队要求，可以观看录像回放，以确定是否需要调整判罚，但除非录像证据能够推翻之前的判罚，否则必须按照最初的判罚执行。最初的判罚是具有优先权的，除非有确凿的原因和特殊的变化，否则是不可改变的。

计算机程序化交易的初衷并非在于计算机速度更快或分析能力更强，而是为了管理人入场后的情绪波动。计算机程序化交易的基本原则是计算机自动执行，如果当天交易出现了问题，它一般也会继续运行，除非涉及重大风险，它会直接下线。如果发现问题，它会等到交易时段结束后重新调整程序，而不是直接修改具体的交易。在这方面，我们的处置原则也是一样的，即除非发生影响生存的重大事件，否则我们应坚持原有的计划。

原则三：两极合一，提升到对立统一点，纵观全局

《易传·系辞上》说，"一阴一阳之谓道"，世界万物都是由阴阳两极构成的。这体现了中国古老智慧中的思想，就如太极的理念所示：没有白天，就没有黑暗，如果从早到晚光线没有变化，也就无所谓黑暗；没有所谓的恶，也就无所谓的善，没有恶行的彰显，善也不成为善。如果我们只专注于一极，那么就会形成盲区，看不到其他方面，而潜在的危险就在这个盲区中悄然发生。

譬如投资，如果我们只关注赚钱这一层面，而忽略了输钱的可能性，没有对各种不利的可能情况做相应的预案，一旦形成盲区，不利的情况发生，就会准备不足，手忙脚乱，还可能造成重大损失。太过执着于对"赢"的追求，无形中我们已经把自己置身于"输"的位置上了！大部分股票投资者在刚入场时，都是踌躇满志、信心满满的，结果没有预想到实

际的走势和发生的情况，不知道怎么应对。一有损失，就更慌乱，更不知道怎么应对，结果越输越多。赢和输，实际上是一个硬币的两面，我们不承担亏损的风险，是不可能盈利的，一个人如果不能接受失败的可能，就不可能成功。而如果你能执中，看到这是一枚硬币的两面，而不是单纯有盈利的一面，就更有可能成功。只有允执厥中，两极合一，我们才能看清楚各种可能，做到中正平衡，从而做出综合的判断和正确的决策。

《孙子兵法》中有一句非常重要的话："故不尽知用兵之害者，则不能尽知用兵之利也。"意思是在战争决策时，如果不能充分认识到战争的危害和风险，那么战争就无法取胜。这句话的深刻思想也可以应用在其他领域，指导我们在思考时，务必要看到事物的两个方面。比如在人工智能模型的应用中，如果没有意识到人工智能可能带来的潜在危害，那么就无法正确运用它。在这个世界上，每个人都在追求财富，但如果没有认识到财富也可能带来伤害，就无法正确处理与金钱的关系。"两极合一"，以执中的立场，减少自己的盲点，既要看到事物的积极一面，也要看到其消极一面。无论面临何种情况，我们都有心理准备和具体的应对预案。

我们的决策方案的出发点，如果立于统整两极的、更高层次的总体目标，成功的可能性就会大大提升，过程也可能顺利很多。问题在其发生的层面不容易得到解决，但是如果能够从更高维度出发，降维打击，很多问题就迎刃而解。一般我们从事商业活动，都以自己挣钱为出发点，其中的艰辛我们都很清楚；而很多做出大公司的创业者，他的发心不是简单的个人"赚钱""输钱"，而是在更高的目标上，比如"更好地满足客户的需求"。比如拼多多，致力于帮助客户购买便宜的商品，在各方面尽量保护客户的利益和体验，它成功了，赚钱变成了顺理成章的副产品。

第三节

统整理性和感性：现象学的智慧

本书的大量观点和具体建议深受现象学的启发。现象学被认为是 20 世纪重要的哲学流派之一，但严格来说，现象学超越哲学的范畴。维基百科上的这段话非常准确："对现象学下一个唯一的、最终的定义是危险的，甚至可能像缺少主题焦点一样，是自相矛盾的。事实上，它既不是一种学说，也不是一个哲学流派，而是一种思想风格、一种方法，一种开放的、常新的经验，它导致不同的结论并让那些想要界定现象学意义的人无所适从。"其核心方法是悬搁，或称悬置，即暂时放下理性，纯粹和感性体验在一起，不受理性的假设和推理的干扰，直接面对经验，追寻现象背后的本质和意义。[①] 现象学强调经验的直接性和客观性，以及感性（即人类主体经验）的角色和作用，提倡直接面对我们所感知和经历的一切，无论是日常生活中的小事还是复杂的决策。

现象学的起源可以追溯到德国哲学家埃德蒙德·胡塞尔（Edmund Husserl），其著作《逻辑研究》（*Logische Untersuchungen*）被认为是现象学的奠基之作。存在主义代表人物马丁·海德格尔（Martin Heidegger）的思想也受到现象学的极大影响。1927 年，海德格尔说："本体论[②]只有通过现象学才可以得到。"

现象的意思是"呈现"，伊曼努尔·康德（Immanuel Kant）指出，对我们人类的理性来说，世界无非就是现象世界。我们的理性具有接受、整理、总结、塑造现象世界的能力，而

---

① 在本书前文重点介绍的觉察状态里，自然也做到了悬搁，不做任何评判，好与坏、对与错，我们都不用去管，纯粹在体验中。

② 所谓本体，是最终本性的意思。

世界只能通过现象被我所及。[1] 如图 3-1 所示，感性感受到各种现象，这些感受被贴上标签，形成各种概念，输入理性模型里进行综合、分析、推理和判断，得出结论及相应的决策。如果我们把理性模型放在科学的范畴，那么现象学就在理性模型之前，研究理性模型的输入。在研究这些输入时，还没有进入理性模型，所以悬搁，暂时放下理性，纯粹和输入在一起，感受这些现象，直到自己的理性整理这些体验，贴上"标签"，形成"概念"和洞见。这些"标签"和"概念"可能是新的，根据当下自己和现象的碰触产生的；而不是旧的、根据别人的体验产生的、在现有的知识系统里已经固化的那些。伯特·海灵格（Bert Hellinger）说，从现象学取向来工作，即从诸般呈现下手，不带意图、恐惧、先入的成见，仅仰赖当下一切显现的样貌，洞见核心关键。

---

① 康德认为，这个世界如果是客观存在的，最后这个世界也要通过每个人的感官被认知。现象就是我们直接接触的这个世界，比如，你看到水的感受，不是概念，如果你说水是透明的，那已经是概念了。比如，我讲话，我每一句话都有概念，但是如果我发出一个毫无意义的声音，那么你听到的声音本身是感受，因为它毫无概念。

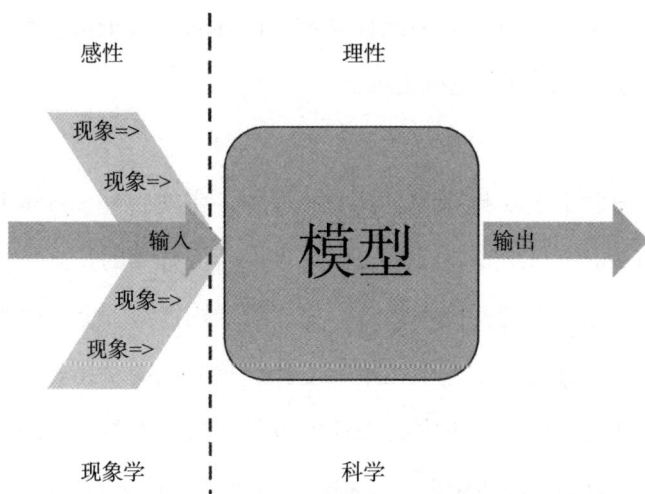

图 3-1　现象学与理性模型

伯特·海灵格讲过一个故事，雨后有一只青蛙在优雅地跳跃，我们赞叹自然的造化。也许我们好奇青蛙为什么能跳这么远，就把它解剖了，在显微镜下研究它肌肉的纤维，知道了原理，知道了逻辑，这是科学，但是这只青蛙死了；也许我们观察后发现，给青蛙淋上一些清水，它就能更健康，跳得更远，虽然我们不知道它跳跃的机理，这是现象学。

现象学对很多学科产生了深远的影响。比如，心理学中的格式塔、系统排列等诸多流派深受其影响，芬兰教育——被全球教育专家广泛认为是成功教育的典范，是以现象学为指导的，关于组织领导力的地标系统（landmark system）也是建立在现象学的理论基础上的。

我在荷兰上过法国现象学家让 - 保罗·雷塞吉耶（Jean-Paul Rességuier）的课，他是莫里斯·梅洛 - 庞蒂①的传人。他用现象学方法来帮我固本培元，他让我平躺在垫子上，闭眼运"气"，然后他做了一个托举的动作，抬起我的"元气"……整个过程之后，他也没有做任何解释，唯一重要的是当时的感受。他的手法跟中医非常相似，他就像一位民间中医大师，但他是一位法国现象学家。这从侧面佐证了中医符合现象学的世界观。

现象先于逻辑

现象先于逻辑，是现象学中一个至关重要的观点。这是什么意思呢？简而言之，在思维过程中，直接体验到的东西比在概念基础上形成的逻辑，对我们的价值更大。现象学提醒我

---

① 莫里斯·梅洛 - 庞蒂（Maurice Merleau-Ponty），法国 20 世纪最重要的哲学家之一，法国现象学运动的领导者之一。他最重要的哲学著作《知觉现象学》和萨特的《存在与虚无》一同被视作法国现象学运动的奠基之作。

们看到当下真实。比如水是什么颜色的？你怎么知道水是透明的？你看到透明是什么样的感受？正像水本身并不等同于透明，透明只是一个概念、一个标签。我们要体验到现象本身，在概念以及逻辑（概念的关系）之前。

我曾经深受胃病所累，常常积食、不消化、嗝气，做了多次胃镜，医生诊断是反流性食管炎，一种前因后果逻辑清晰的疾病。按照医嘱，我定时服药并按规律三餐进食，但是病情并无明显好转，无法根治。后来随着深入学习冥想和觉察，我能够真正感受我的胃。我的主要工作是脑力劳动，到了吃饭的时候，我常常一边继续工作，一边吃饭，吃完饭也不休息，忙着工作和思考，这时交感神经活跃，胃肠分泌和蠕动受到抑制，胃里的食物得不到充分的消化。理性告诉我一日必须三餐，结果胃里的食物还没有消化，又吃了一顿，胃里的食物更是积压无法消化，甚至还是一边吃饭一边工作，吃完饭也不休息。一顿、两顿、三顿……胃就出了大问题。在我能够真正感受胃、知道它的感觉和状态后，在忙于思考的时候，我就不吃饭，吃完饭后不立刻工作，放松休息一下，让胃去工作、去消化。如果发现胃里食物尚未消化，下一顿大不了不吃，听从胃的感受。就这样，我的胃病很快就好了，一直到今天也没再犯病。反流性食管炎精确的病理证据和病理逻辑，并没有帮我治好病，当我放下这些理性和逻辑，去体验现象、感受胃时，没有"为什么"，没有"应该"，只是跟从胃的感受，照顾它，有时不吃，有时稍休息不工作，病反而很快彻底好了。

第一人称和第三人称真相

有一种说法，世界上存在两种真相，一种是第三人称真相，另一种是第一人称真相。第三人称真相指的是可以通过第三方验证，例如，光的速度是约 30 万千米每秒，不论在何地谁来进行测量，结果都是约 30 万千米每秒，这是可以被独立验证的科学事实。第一人称真相则是指那些无法通过第三方独立验证的个人感受或体验，但这些感受或体验就我而言，依旧是真相。有一种冷叫"妈妈觉得我冷"，我妈妈小时候吃过很多苦，挨过饿，受过冻，所以每当听到天气预报说降温，就会担心我会不会挨冻。如果说今天降温到了 6℃，我妈妈会让我加衣服，尽管我确实不感到冷，但妈妈还是拼命让我加衣服，我已经很热了，妈妈还要让我加衣服。我主观确实很热，虽然无法被他人用仪器证明，但我确实感到热，这是第一人称真相。

现实中，很多问题源于对第一人称真相的压抑。在做决策时，现象学的观点鼓励人们放下先入为主的判断，通过亲身体验去感知客观事物，接纳第一人称真相，不去评判，超越评判。超越固有模型的干扰，深入去观察、去感受，就像一个探险家在未知领域里发现新大陆一样。超越常规思维模式，保持开放的心态，不被过去的观念所限制，更全面地理解问题。在人们生活的实际应用中，特别是当我们面对抉择时，现象学所提供的不仅仅是理论上的权衡，还鼓励人们去体验和感受观察对象的各个方面，以便更真实、更自由地做出决策，不再受传统思维的桎梏。这就是现象学的独特魅力。

在处理事情时，尊重第一人称真相：放松自己，专注于感受当下，明白这些感受是个体主观的，即使含糊、难以定义、不能被解释，但我们仍然尊重它们并与之共处。我们可以将第二章里提到的格式塔心理"五不原则"——不评判、不分析、不解释、不预设、不建议，运用到自己身上。对不少读者而言，这个思路可能非常特别，以前可能从来没有想到过，但是在实践中，往往有出乎意料的良好的实际效果。

现象学与决策：超越"知识障"，灵活务实

现象学观点如何影响我们的决策过程呢？你可以仔细体会一下，在面对选择时，是不是常常先被理性分析和历史经验所左右，然后再通过逻辑推理得出结论？在这个过程中，我们往往很少关注自身的感受。现象学的观点则呼唤我们走出理论、经验的牢笼，用感知、体验去辨别事物当下的面貌和动态。

比如，一位投资者在选择投资项目时，传统的分析方法可能通过过往的各类数据告诉他某个项目具有良好的潜力，但现象学鼓励他亲自去调研，多走走，去看看公司，和管理层聊聊，使用一下他们的产品，去商店里看看人气……只有身临在这个独特的环境中，他才能更好地触摸到市场的真实状态，而不是被抽象的数字所左右。本书下文将提到的传奇交易者傅海棠交易的重要特点就是实地调研。

在决策中，思维定式仿佛是一座无形的围墙，将我们的关注点框定在狭窄的范围内。现象学认可每个人都可以拥有自己独特的视角，每个事物也有其独特的存在方式。决策者应当打破这种思维定式，用当下、动态的视角看待问题。

现象学决策通常通过观察、感知、突破、体验、应对这五个步骤来施行。

观察：在决策前，用心去观察事物，避免用过去的认知制约、限制自己的感受。这一步是打破思维定式的关键。

感知：把重心放在亲身感受上，用全身感官（眼、耳、鼻、舌、触）去体验对象事物里呈现出的信息和周围环境传达出的信息。这有助于真实地感知事物当下的本质。

突破：突破自身，观察时放下先入为主的概念，不被过去的知识所桎梏。要在决策时保持一颗开放的心。

体验：视决策为一场体验。我们不排斥理性的思考，但也不囿于基于经验的思考。用开放包容的心，去感受每一个选择的可能性。

应对：培养应对变化的灵活性，不固守一成不变的决策方案。现象学强调的是在瞬息万变的世界中保持灵敏的感觉。

第四章

平衡人生

《道德经》里有一句话："盖闻善摄生者，陆行不遇兕虎，入军不被甲兵。兕无所投其角，虎无所措其爪，兵无所容其刃。夫何故？以其无死地。"[①] 很多年来我都不大理解这句话的真意。后来才明白，老子这句话大致可以这么理解：只要人能够依照天道行事，那么，外患就不能侵入其身，他就不会受到困境的威胁，诸事顺利。往大了说，"道德经"的"道"字可以解释为更伟大的力量，"德"字可以理解为道在世间的体现。往小了说，其实道德也是为我们自己的长远利益服务的，帮助我们摄生，避"兕虎"和"甲兵"。

做对的事情比把事情做对更重要。如果我们能从道德层面来

---

① 详见《道德经》第五十章。

运作，有术无术、用什么术都没有那么重要了，那么往往能够从心所欲、举重若轻，不管是工作、投资，还是个人生活，我们都能够获得真正可持续的成功人生。

第一节

发心和爱

发心带来的结果

在一封致阿里巴巴全体投资者的信中，有这样一段话："阿里巴巴应该有赚钱的能力，但绝不应该成为一家因为赚钱而存在的公司。过去三年我们在资本市场上有一些表现，也实现了一些财务上的短期目标，但我们真正的使命，是用好技术和创新的力量，让世界经济更加普惠共享，可持续发展和健康美好。"①

---

① 引用自《马云致投资者：阿里巴巴绝不应该成为一家因为赚钱而存在的公司》，创业邦，2017 年 7 月。

我相信这段话是真诚的，阿里巴巴在创立伊始就有这样的愿景。"阿里巴巴必须要做别人不愿意做、不能做，但又不得不做的事情，这是我们的定位。今天的阿里巴巴已经不是一个单纯的商业公司，商业的成功只是我们将要承担的责任的一部分……我们思考最多的问题并不仅仅是怎么能做好这个公司（赚钱），而是我们为什么要做这个公司。我们坚信一点，一个伟大公司的终极使命是解决社会问题，只有为社会带来价值，才能够长久生存下去。"[①]这段话是成立的，不然阿里巴巴是无法做成，并良好运行的。

我想表达的是，当我们做某件事时，如果能将追求的目标提升到更高的层面，那么成功的概率会更大。也就是说，当你发心对了，你会更容易获得成功。但是你如果看到我这句话兴奋了，那么你的发心还是局限在"想要成功，想要获得金钱"上。问题往往就卡在这儿，一个人的发心是无法骗自己的。

没有欺骗自己的人，就更容易获得一些东西，因为成功、金

---

① 引用自《马云致投资者：阿里巴巴绝不应该成为一家因为赚钱而存在的公司》，创业邦，2017 年 7 月。

钱都只是他的发心带给他的副产品。发心，是一个人已经站到了更高的"道"的层面，降维打击。从表面上看，我们似乎一直在理性和显意识层面工作，但实际上，更多决定我们行为的是无意识，包括个体无意识和集体无意识，只是你一般很少觉察。发心便存在于你的无意识中。

更深层次的动力：爱

无意识的根本动力，是爱。

真正的幸福和满足，来自爱。

我的一个学生问过我一个问题，像乔布斯这样的人，之所以能做出那么伟大的事业，背后的动力究竟是什么？我想了想，告诉她，我认为他深层的动力是为了让他的亲父母看到他，并承认他们在他出生后不久就抛弃他是错误的。

这个动力有多大？大到能驱动他做出如此伟大的事业。他是一个几乎把事业视为他生命全部的人，所以这个动力也可谓整个生命的动力。但是后来动力又消失到何种程度？消失到他已经不再需要他的生命。当他的父亲开始来找他、写信要求见他时，他的生之动力就结束了，好像他这一生的使命就完成了。当这个使命完成的时候，他也释然了，离开了人间。

尽管我关于"乔布斯的人生动力"的说法，你可能不一定认同，仁者见仁，智者见智，但是我实实在在能看到的是，最终人们深层次的动力无关外在的名利场，都来自与父母、伴侣和孩子的关系。我们投身于工作，实际上最终是为爱服务，为所爱之人服务，得到他们的接纳和认可。从这个角度来看，乔布斯的一生是痛苦的。他真正想得到的是父母的爱和拥抱，其实他对钱有那么在意吗？他在意的是出名，让妈妈看到他，让爸爸看到他。当他爸爸看到他并来找他的时候，他内在的使命就完成了。

我们生活在这个世界上，工作、学习、生活的最底层的动力往往并不是物质财富，而是来自家庭和家族的动力。

马斯克的生命动力是什么？有兴趣的读者可以去研究一下他的原生家庭。

爱是什么

爱是什么？我问过很多人，都没有答案。记得我问过一位著名的心理学老师，什么是爱，他一下回答不出来，过了几天，他写了一首诗，优美地描述了各种爱的表现，但还是无法概括出什么是爱。有一天我们在做冥想，讨论什么是爱，当时一个助理跟我说，爱就是"在一起"，我觉得这是我所听过的最精确的说法。从更广的角度来说，爱就是在一起。

很多时候我们说的爱，要从不同的层面理解，从一般生活中的父母之爱，比如孩子得病，父母就像自己得病，到我们从更广阔的视角更深刻地去理解爱，比如儒家说的"仁"——两个人，本质就是感同身受。你感同身受的时候，就是在一起。另一种爱的境界叫慈悲，慈悲是大爱，慈悲的意思是同喜同悲，跟感同身受是类似的。我觉得"在一起"这个说法，深刻地解释了什么是爱。

当我们可以得到我们所爱之人的爱，我们滋养他们，也被他们滋养。

真正的幸福和满足来自爱。以我自己为例，我个人生命中最为幸福的一刻便是孩子降生的那一刻。初为人父的体验，让我深刻认识到真正的幸福实际上是与生命紧密相连的爱的体验。

我们爱的其实不只是我们的情侣、我们的家人、我们的社会，更应该是广泛的全人类、所有的生命……在无意识里，我们和这一切都紧密相连。当我们和生命割裂、失去觉察时，我们以为个体和整体是割裂的，是对立的，而不是在一起的。这里要提到金钱，金钱不是万能的，但没有金钱是万万不能的。同时，金钱不是一场零和博弈、我赢你输的游戏。如果我们有机会获得丰厚的财富，也许我们应该问问自己，我们为社会做出了什么贡献，有没有为生命服务？企业家通过提供工作给每位员工，让他们可以养活自己，哺育孩子，赡养老人。世上除了生死，没有真正的大事。企业不一定非得从事慈善事业，但企业本身就是慈善，因为它在为生命服务。当我们可以滋养我们自己、我们的家人、我们的社会、更广泛的人类，为生命服务时，其实我们也会被他们滋养。

第二节

平衡的准则

有一个良医治未病的故事。大家都盛赞扁鹊是神医，扁鹊说我家有三兄弟，我大哥水平最高，病还没有成形，刚有端倪，他轻轻松松出手就治好了，结果名声不出家门；我二哥水平次之，刚有小病时，他就给治好了，名声不出本乡；我水平最低，只有在大病时才后知后觉，针刺放血，用猛药，大张声势，结果我名扬诸侯。所谓治未病，是在更高的维度去运作，降维打击。

扁鹊大哥治未病的境界，或者《道德经》中所说的"善摄生者，陆行不遇兕虎，入军不被甲兵"，其后面的智慧是平衡。群经之首的《易经》，其关键思想就是得中得正，换成现代的语言，也就是平衡。

关于生活工作中具体的平衡，我举几个例子：收获和付出的平衡、生活和工作的平衡、个人利益和集体利益的平衡、风险和回报的平衡、短期利益和长期利益的平衡、个人和社会与环境的平衡等。而且，平衡是无处不在的，远远不止我提到的几点。

收获和付出的平衡

收获和付出，或称取和予，它们之间的平衡是非常显然的规律，但是很多时候人们会视而不见。在金融行业，有些复杂衍生品曾在欧美市场造成重大杀伤，后来又到亚洲肆虐。由于人们天生的心理误区——对小概率事件影响的低估和对收益的贪婪，导致该产品的诱惑力很强，虽然投资者表面上大概率获得小利，但只要不收手，终将巨亏。经历过市场上的风风雨雨后，我感触颇多，投资银行有些复杂、不透明的衍生品的确是在利用人性的弱点。

确实很多资本赚得盆满钵满，但是他们的结局如何呢？出来混始终是要还的。后来在金融危机中，大量各种形式的累股证①爆仓，从股票到石油再到汇率，客户巨亏。很多人认为投资银行拿走了"带血的钱"，实际上投资银行在对冲产品上大部分也是亏损累累，甚至整个团队亏得解散走人。而当时从事这类产品交易和销售的人员大部分下场也不好，自己多年积累的顶级客户资源消失了，后面是漫漫的长冬。

看多了华尔街鲜血淋淋的各种类似事件后，我逐渐开始后怕。虽然我没有直接参与这些，但总有一个发自内心的声音告诉我，我不能再从事衍生品交易了。后来因为一个机缘，我便回到了学校任教。

又过了若干年，随着我在实修的路上越走越深，我回过头来逐步明白衍生品其实是可以做的，只要做得恰当，它其实也可以为客户、为社会创造价值。从事恰当的衍生品交易，不去欺骗客户，不去操纵市场，实际上对市场、对金融、对经济都是有贡献的。一是帮助价格发现，通过看不见的手，帮助市场进行有效的资源配置，把资金调配到收益风险比最高的地方；二是为市场提供流动性，为金融交易者提供对手盘，协助交易顺利达成，比如期货市场，而企业则依赖流动性进

---

① 是一种以合约形式买卖资产（股票、外汇或其他商品）的金融衍生品。

行套期保值。如果没有各种交易者提供的流动性，企业的套期保值交易可能就无法顺利进行，这将导致企业无法有效管理原材料和产成品的价格风险，从而无法为企业保驾护航。我想清楚这些道理后，又重新开始了一些交易，包括期货交易。如果能够在交易中有盈利、有收获，那么这是件好事，可以长期持续下去。我通过承担风险，获取收益，从而为社会创造价值，服务于生命服务。

所以说，交易和投机活动对市场是有价值的，但要确保公平交易，有些事情是绝对不能做的，比如市场操纵和内幕交易等，虽然短期内可能会获得巨大收益，但我没有见过任何一个持续成功的人是通过不正当手段取得的。我们的良知不会放过自己，虽然我们在意识层面可能和自己的良知割裂，无法感知到良知，但是良知是存在的，它会审判我们。关于良知，下文还有相应的论述。

上文提到的良知，是在无意识深处的动力，虽然它无比强大，但很隐蔽，而逻辑是更加理性的。我们的祖先在动荡的战乱时期，留下了很多巧诈谋略，生死之争时可以用，但不是生死场合就使用的话会被反噬。现在有人把它们运用到商场、职场等场合，用谋术来对付客户、同事，甚至朋友。在需要长期合作和信任的领域，即便你能成功算计一个人一次，但是怎么算计第二次、第三次呢？毕竟在这个世界上没有谁比谁更聪明。这些人只知道获取，却不理解如何付出。如果我们用零和博弈的思维来看待所有事物，我们的路就会越走越窄。

要更加深刻地明白这个道理：并不一定要先收获后付出，或者同时收获和付出等价交换，很多时候在力所能及的范围内，我们可以先付出。世界是平衡的，付出和收获也是平衡的，虽然付出时可能并没有等价交换的想法，但在某一天是会有所收获的。我有位前同事，在别人看来可能人品欠佳，不值得交往，有一次，在他真的需要帮助时，我力所能及地相助。后来在关键时刻，他默默地给了我重要的支持，回馈了我。我当初帮助他并非出于控制别人的目的，而是出于真心的付出，但其实在对方心里会留下深刻的烙印。你提前付出，最终可能会得到意想不到的回报。其中存在着一种微妙的平衡，不管是在人和人之间，还是在人和社会之间，这也是积德行善的人总能够逢凶化吉的重要原因之一。

生活和工作的平衡

保持生活和工作的平衡，是另一种智慧的体现，如同精妙的琴音和谐共振，犹如天平的两端，需要我们精准而灵活地调整。一个有着和谐家庭关系的人更有可能在事业中有所成就，因为他从家庭中得到了积极的支持。如果家庭关系紧张、冲突不断，个人可能会面临极大的精神压力、焦虑和情绪波动，这对工作表现将产生严重的负面影响。

华尔街投资奇才杰西·利弗莫尔（Jesse Livermore）已去世将近一个世纪，但他在投资界的影响力和知名度不亚于巴菲特、索罗斯（Soros）、西蒙斯（Simons）等在世的传奇人物。他做空股票，摩根集团创始人 J.P. 摩根（J.P. Morgan）请求他在空头头寸上克制；他逼仓棉花，时任美国总统威尔逊把他叫到白宫，要求他收手。1929 年美国股市大崩盘，他成功做空，当时获利 1 亿美元，名扬华尔街，也受到公众的指责，并收到死亡威胁。他一度是世界上最富有的人。但是他的投资生涯大起大落，四次破产，三次重整旗鼓，最后自杀收场，背后的原因与他的家庭问题也密切相关。利弗莫尔结过三次婚：他炒股破产后，试图向第一任妻子内蒂（Netit）要些早年为她买的首饰变卖用来翻本，被她拒绝了，不久后两人离婚；第二任妻子多罗茜（Dorothy）是百老汇舞女，酗酒，利弗莫尔和很多女人有染，包括不少多罗茜以前剧团里的同事，这让多罗茜深感屈辱，酗酒更加严重，最终导致利弗莫尔第二次婚姻失败；第三任妻子是歌手哈丽特（Harriet），第三次婚姻一年后，他又破产了，这是他的第四次破产，也是最后一次。几年后，利弗莫尔持枪自尽，他在遗言里写道："……我是个失败者……"生活的失衡可以对人造成最根本的伤害，回过头来又导致工作的失败。

如果懂得在生活和工作之间保持平衡，我们就能理解，不管什么工作，都只是我们生命的一部分，不是全部。记得曾经遇到一位女士，她的事业颇为成功，也挣了不少钱。她和我抱怨她5岁儿子的教育问题，她给儿子找了很多老师——数学、语文、英文、钢琴老师……但是孩子问题重重，她抱怨这个老师不好，那个老师不好……我当时问了她一句话："你在哪里？为什么把5岁孩子的教育全部交给了老师？"孩子最需要的是父亲母亲的陪伴，没有人可以替代父母。他们喜欢做的，能够坚持做好的，是和父母一起做的事。种瓜得瓜，种豆得豆，我们在家庭里付出多少，也会在家庭里得到多少。尤其到了晚年，早年为生活付出的多少，都会得到相应的回报。我记得我的一个 EMBA（高级管理人员工商管理硕士）学生在评价他的一个生意合作者时说："为了金钱，放弃了一切，甚至放弃了家庭，穷得只剩钱了。"

当然，没有工作，没有经济资源，生活也无从谈起。因此，只有在生活和工作平衡的状态下，才能真正感受到生命的完整和幸福。

个人利益和集体利益的平衡

生命中真正有力的武器是真诚和善良，不是高超的技巧和过人的能力，而是真正为别人考虑。只有个人利益和集体利益都得到了照顾，才可能长期持续下去，实现共赢。

我一个朋友的经历让我印象深刻。他是一个私募债权领域的高手，个人积累了近 10 亿元的资产。当时他和一位大老板合作，帮着大老板募资。他向我吹嘘，他的项目设计如何高明，项目顺利的话，他会获得大量股份，即使项目不顺利，他也能拥有债权，获取高额利息。我当时立刻觉得大老板可能已陷入困境，这个项目有问题。我朋友却觉得项目能谈成这样是因为他的商业智慧，他没有给对方留一丝空间。结果他掉入了一个陷阱，后来项目遭遇困难，他不仅失去了自己多年积累的财富，还搭上了通过银行各种理财产品募来的几十亿元。如果从一开始就秉持真诚和善良的原则，坚持共赢和公平的出发点，就会质疑：为什么所有好处都流向自己，别人却同意这份协议？多问几个为什么，后面的陷阱也就不难发现了。

伤害他人利益的事，会影响自己；伤害社会、伤害更多人的事，带来的后果就更严重了。2024年农历新年前夕，缅北电信诈骗的白家、魏家、刘家等重要头目被公安机关成功押解回国，加上2023年已被打击的明家，缅北电信诈骗几大家族的重要头目大多落网。在缅北，这些人曾是当地在位领导，他们打着救民于水火的旗号，却是无恶不作，将罪恶的黑手伸向中国境内，利用跨国犯罪网络诱骗中国同胞堕入陷阱，被驱使着搞电信诈骗。缅北四大家族祸害了很多中国家庭，很多人辛苦积攒的钱财被骗走，被骗到缅北的中国人有的被打伤、打残甚至打死。多行不义必自毙，天网恢恢，害人终害己，最后四大家族被击毁。当白所成看着儿子白应苍和自己一起押解回国的时候，不知道他内心是什么感受。

真诚和善良是无敌的，它们不是软弱，反而是真正的坚强，可以帮助我们避开很多陷阱。将心比心，去考虑对方的利益，而不仅仅是自己的利益，能帮助我们发现陷阱中的蹊跷，不为表面上的利益幌子所迷惑。美国作家、哲学家亨利·戴维·梭罗（Henry David Thoreau）说过："善良是唯一永远不会失败的投资。"善良是一种内在的美德，而非基于外在回报的投资。通过善待他人、关心社会，个体可以在心灵上获得深刻的满足感，这种建立在内心深处的，对于正直、仁爱的坚守和实践，将使自己与他人的利益达到一个更高层面的平衡，从而使自己立于不败之地。

如果我们把上述观点延伸到一个人如何实现成功，就可以真正领悟到，那些在商业中和投资中取得真正成功的人，人品一定是优秀的。或许有人对此并不认同，甚至嗤之以鼻，认为商业就像打仗，"兵不厌诈"是一种谋略，认为成功很大程度上取决于技能、经验、决策能力、市场洞察力等，而这些并不直接关联到人品。但这种看法通常是基于短期而言的。正如前文提到的，在战争中提炼出来的谋略，生死之争时可以用，不是生死场合使用的话会被反噬。如果我们用零和博弈的思维来看待所有事物，我们的路就会越走越窄。

从长远来看，成功者往往都是诚实正直的人，具备善良的品质。投资是件极其诚实的事情，只有诚实的人才能笑到最后，因为市场前面所有的欺骗，实际都是在欺骗自己。各种操纵市场内幕信息交易的人，最终几乎无人善终。曾经和一位前股票大庄家一起吃火锅，我问他以前的坐庄伙伴，有几个还能坐下安安心心吃顿火锅的，他沉吟了半天，说有两个，其他人不是坐牢就是跑路或者破产了……

2019年4月，股神巴菲特在接受"雅虎财经"采访时，讲述他对于"真正成功"的定义：如果你65岁或70岁以后，那些你想爱的人真的爱你，你就成功了……在《成为沃伦·巴菲特》（Becoming Warren Buffett）纪录片中，巴菲特给年轻人演讲时，他几个小时都在谈论如何成为一个好人、正派的人，以及通过成为一个好人和正派的人，年轻人也将成为一个成功的投资者。我们知道巴菲特所说的也是他所做的，很少人真正明白他的成功不是以他对投资的理解为基础的，而是以他高尚的人格为基础的。

当然，为他人、为社会服务的前提是照顾好自己，照顾好家庭。如果连自己和家庭都照顾不好，何来照顾他人和社会。心理学家斯蒂芬·吉利根（Stephen Gilligan）讲过一个关于水井旁的女人的故事：在一个交通要道附近，没有一棵树，每到夏日的中午，烈日炎炎，行人苦不堪言。附近住着一位女士，心地善良，她把村里水井的水打上来，运到路边，给干渴的行人喝。但是她觉得越干越累，快坚持不下去了，这时她突然意识到自己也口渴，需要喝水。然后她先舀水自己喝足，再来为行人服务，于是她越干越来劲，帮助了很多行人。这个故事很好地说明了欲先帮助他人，要先照顾好自己的道理。

风险和收益的平衡

在商业和投资领域，经济学认为风险和收益通常是成正比的，所以创业者如果能够承担巨大的风险，企业一旦成功上市，收益可能达到千倍万倍。投资股市风险巨大，大部分人血本无归，但也有人缔造传奇。根据经济学和金融学的原理，在决策时，单纯考虑收益是片面的，必须综合考虑风险。举个例子，你有个朋友是期货投资老手，你请他帮你理财。一年下来，投资收益波动较大，收益高的时候翻倍，低的时候亏损50%，最终收益为5%。如果去买大银行的理财产品，预期收益是4%，风险相对较低。在这种情况下，我们能说那个

5% 的期货投资优于 4% 的理财产品投资吗？

把握收益和风险的平衡不仅是智慧的体现，更是现实中成功的关键因素。收益和风险并不能割裂，如同一个硬币的两面，两者如影随形。一般认为金融投资风险巨大，但是其实商业投资也一样，有时其风险甚至大于金融投资。很多时候，发现金融投资苗头不对，还可以止损出场，而商业投资的流动性要差多了，止损出场难度比金融投资大很多。造成我们低估风险的一个原因是幸存者偏差，我们看到的都是成功者，有多少人在风险中倒下，但是没有被看到。

通常而言，过分追求高收益，意味着风险也会陡然增加。例如前几年的 P2P（互联网金融点对点借贷）行业，他们承诺两位数的利息，投资者只关注利息，P2P 却是盯着投资者的本金。其实要判别这样的陷阱并不难，这是一个非常明显的平衡问题。如果收益这么好，又没有风险，为何对方不自己投，没有钱可以去银行贷款，躺着吃收益和银行贷款之间的利息差，为什么要辛辛苦苦卖给投资者？

在巨大利益面前，人很容易被冲昏头脑，堕入巨大的诱惑陷

阱，商业决策也大多如此。我们可以将这种情况称为执念，
即执着于收益而忽视了风险，无法多视角、全面地看待问题，
这是非常危险的。关于执念，本章后面有详细的探讨。如果
见到高收益的项目，就必须考虑后面隐藏的风险，以及自己
是否有能力去应对。如果有，就可以去把握机会。可怕的是，
看到高收益的项目，却看不到后面有什么风险，也没有想过
自己何德何能，竟然有这样的好项目等着自己，这是非常危
险的。

当然，一旦有好的机会，对后面的风险有清醒的认识，也有
能力去应对，我们也要果断出击。如果过分保守，不愿承担
任何风险，那么最好的选择可能是什么都不做。但那样就不
会有收益，这也是不可取的。关键是找到收益和风险的平衡
点，明智地承担风险。

短期利益和长期利益的平衡

没有长远的打算，最后短期利益也无法得到保障。短期与长
期之间是一对辩证的关系。缺乏短期的努力和积累，就无法
实现长期的成功；同样，若没有长期的规划，短期的努力也

可能付之东流。人无远虑，必有近忧；反过来，如果好高骛远，看不到当下，短期内都无法维持和生存下去，也就无所谓长期利益。在短期利益和长期利益之间取得平衡也是一种深刻的智慧。

从一开始，任正非就看不上小灵通，决定不进入小灵通市场，因为他不想在非战略机会上消耗战略竞争力。小灵通是一种在日本被称为"穷人的蜂窝"的个人手机系统（PHS），不仅是任正非，其他国内外的主流厂商也大多不看好小灵通的前景，它其实就是个过渡性的产品。

但任正非低估了小灵通的赚钱能力。在当时中国固定电话和移动电话拆分的情势下，尽管小灵通信号弱，但它低廉的成本恰好契合了国内市场的需求。结果一家名为 UT 斯达康的公司抓住战略机遇，通过与电信合作，一度获取了上亿的用户，占据全国移动电话用户总数的四分之一，这让 UT 斯达康赚得盆满钵满。但是，表面的良好形势使 UT 斯达康变得自满，市场机会主义的另一面是，机会不可能再次轻易降临到同一家公司或同一个人身上，一切最终还是要靠企业自身的强大。2007 年 6 月 1 日儿童节这一天，公司 CEO 吴鹰从 UT 斯达康离职，这标志着这家始终"缺钙"、"年龄"与"身高"不相称的公司将要快速地沦陷……"市场至上"不等于"客户至上"，企业不应只跟着潮流走，更不应一味地迎合市场的短暂机会。后来，小灵通很快退市，为通信新宠 3G 让路。虽然短期内，华为由于放弃小灵通，运营上压力重重，但是从长期来看，证明了任正非的智慧。[①]

前文提到当年投资银行卖累股证（后来被称为雪球产品），从销售人员的长期利益来讲，这一定是有害的。但是短期内，销售人员也需要养家糊口，也需要面对公司的考核，而且当时市场上这种产品风行，由于人性的弱点——贪婪和看不到小概率事件的破坏性，有些客户就喜欢累股证，不在你这里买，也会去其他机构买。这时到底应该怎么做？是考虑到短期利益、自己的生存、自己的家庭，卖给客户，还是不卖？如何平衡短期利益和长期利益的关系，有时是非常复杂和难以抉择的事。我认为关键是觉察，即使迫于种种压力，短期内还是继续从事累股证交易，但是心里应非常明白长期下去于人于己的危害，有机会还是要向客户深入解释其风险，如

---

① 参考田涛、吴春波的《下一个倒下的会不会是华为》，中信出版社，2012 年 12 月。

果能不做就避开。有个底线应牢记在心——不能因为衍生品造成客户家破人亡，要去发现并寻找机会跳出这个领域，去做更健康的行业和产品。平衡短期利益和长期利益是一种大智慧。

个人和社会与环境之间的平衡

最后一个平衡原则是个人和社会与环境之间的平衡。

从生物学的角度来看，人是群居动物，个体脱离不了集体而独立生存。人类在进化过程中，基因中保留了这种群居的本能和习惯。从社会学的角度来看，人也是群居动物，存在着明显的社会特征和需求。人类在社会中扮演着各种各样的角色，如父母、子女、朋友、同事、公民等。我们的所有资源和服务也都需要人与人共同创造和维护，我们一切的存在都依赖于彼此的参与和合作。

有人说，现实世界是残酷的，人和人之间充满了竞争。但是实际上，竞争也分为两种，良性竞争和恶性竞争。制造恶性竞争，最终会没有获胜者。比如在大宗商品期货的交易里，有人通过逼仓等方法操纵市场，大鱼吃小鱼，市场中的小鱼被吃光了，整个市场的生态被破坏了，演变成大鱼吃大鱼，最后剩下一条大鱼，也饿死了。

所以，我们需要建设一种更深层次的平衡，请让我借用一下美国前总统肯尼迪的弟弟罗伯特·肯尼迪（Robert Kennedy）讲过的一段话："即使我们消除了物质的贫困，我们还面临一个更大的任务，那就是满足的贫困，目标的贫困，尊严的贫困，这困扰着我们每一个人。在太长的时间里，我们太注重物质的积累，而放弃了个人的美德和社会的价值……然而，这个国内生产总值不包括我们孩子的健康，他们教育的质量和游戏的快乐，不包括我们诗歌的美丽，我们婚姻的坚强，我们公众辩论中的智慧，以及我们官员的正直。它不包括我们的机智和勇气，不包括我们的智慧和学问，不包括我们的同情心，也不包括我们对国家的热爱。总之，它衡量一切，却把那些令人生有价值的东西排除在外。"我们的确需要有更深层次的平衡，不是吗？

换一种思路的话，我们可以将平衡视为一种更高层面上的风险控制。如果我们为了获得短期利益而去伤害其他人的利益，甚至是社会利益，抑或伤害我们的商业环境，实质上，这就是破坏平衡的一种表现，风险就会陡增不少。为短期利益而伤害群体的行为，最终会使自己受害。我们永远不可能真正脱离群体，我们的生活要依赖于我们的群体，群体之殇必将影响到其中的每一个个体。

除了个人和社会之间的平衡，我们人类与环境和自然之间的关系也至关重要。地球是人类的母亲，也许很多时候我们意识不到，地球母亲对我们的福祉有多重要。我平时住在大城市，然而一旦我置身于大自然环境中，心情就会平和下来，就像孩子在母亲的怀抱中一样。我戴有健康跟踪手表，置身自然环境后，静息心率会明显下降 10% 左右。回到上海，远离自然，缺少绿色植被，喧嚣的环境给我带来大量压力，让我心神不宁，通过一些数据监测显示，我的压力指数在这样的环境下会显著增加 20% 左右。

我曾在地球之肺——南美的亚马孙雨林深处待过一两个月。对于亚马孙的真实环境，我可能无法用言语准确描述、完全表达。那里的水是那么清澈，难以想象的纯净，那里的生物是如此丰富和多样，夜晚是如此漆黑和安静……从亚马孙出来，我才真正明白什么是环境保护，我们在保护自己，保护我们的后代。亚马孙是纯粹的自然环境，在那里，我深刻感受到地球母亲对生命的呵护。我亲眼见到了亚马孙雨林被破坏，它对我来说不再是道听途说或停留在媒体上的新闻。我记得那时去亚马孙河上的一座猴岛探险，在亚马孙河上，小艇一个转弯，我转头瞬间竟然看到一艘巨大的油轮，上面的标识清晰地显示着"巴西石油公司"几个字。如果人类开采亚马孙雨林，攫取石油，那么给地球之肺造成的环境破坏将让人不敢想象。

和前面提到的一样，为社会和环境更好服务的前提是照顾好自己这个个体。十几年前，我有一位同学要辞去企业的高管职务，去安徽支教，参与一所希望学校的建设，帮助那里的失学孩童。当时他自己的儿子只有三岁。我虽然敬佩他真诚的善心，但我也告诉他，你的孩子只有三岁，如果你连自己的孩子都照顾不了，何谈照顾其他孩子。他告诉我，他和太太说好了，只去支教一年，给太太留了几十万的现金，一年之后回上海。他在安徽为希望学校的建设做出了很多贡献，一年之后回到上海，重新回到企业工作，继续在力所能及的范围内做些有益社会的事。现在他的生活过得很幸福，内心充实满足，他的孩子也很出色，前两年考上了名牌大学。

爱人助人、爱社会助社会、爱环境助环境的行为不仅对他人、对社会、对环境好，对自己更有好处。善行并不是为了做给别人看，它对自己的长远利益最有利。在这个纷繁复杂的世界里，我们不是独立存在的个体，我们生命中的每一个瞬间都被紧密地编织成一张无形的网，将我们与家人、朋友、同事、萍水相逢的人以及环境紧密相连。这是一种相互联系的共生状态，我们彼此共同参与，相互影响。当我们伸出援手、奉献关怀时，实际上我们是在为整个社会创造一种积极向上的循环。爱人助人、爱社会助社会、爱环境助环境不仅给予他人利益，更给予自身利益。在这个过程中，我们建立了更紧密的人际关系，促进了社会的凝聚力，使整个生态系统更加和谐；反之，当我们对他人造成伤害时，其负面效应也会反噬自身，这源于一种内在的心灵压力。伤害他人的行为会使我们的内心深处充满负罪感，会加重内在的沉重负担。因此，伤害他人实际上是在伤害我们自己的心灵和生活。

我那位去支教的同学还有一点给了我很大的启示，他并没有不切实际地想要系统性地改变什么、改善什么。在人类社会面前，在自然环境面前，我们个人似乎无比渺小。他的想法很单纯，"能帮一个孩子就帮一个孩子"，从点滴做起。我觉得这是一个很深刻的想法。虽然我们只能尽力去做我们当下能够做的事情，或许有些事情我们无法改变，但如果我们每个人都能尽力去做好每件力所能及之事，就像我的同学一样，社会会更加美好，人类和自然环境的关系会更加和谐。

其实我们并不渺小。如果我们可以觉察到我们所做之事对他人、社会，甚至整个自然环境有什么益处，就应该尽己所能，顺应需求，为整个群体、为环境做一点有益的事。

第三节

实现可持续的幸福之路

在上一节中，我们介绍了各种平衡的智慧，在这一节，我们从时间的维度介绍一下实现可持续的幸福之路。也许我们在生命中都体会过一时的成功、一时的幸福，但是如何才能够笑到最后，获得可持续的成功和幸福呢？

与过去和解

可持续的幸福之路有一个重要的前提，就是与过去和解。这在无意识中具有重要意义，和过去和解意味着疗愈过去的创伤，如果我们能够走出过去的阴影，就能全然活在当下。不受过去的羁绊，专注于当下，有助于制订更明智、可行的生活规划并向未来迈进。只有与过去和解之后，人才能真正获得内心的平静，获得各方面的平衡，实现更加可持续的成功和幸福。

我们过去的创伤，不管是自己早年留下的，还是源于父母，或者是更久远家族的，是让我们看不清当下、失去平衡、陷入执念、做出不明智举动的根本原因。女明星查理兹·塞隆（Charlize Theron）因在电影《女魔头》（*Monster*）中的出色表演赢得了奥斯卡最佳女主角、金球奖剧情类电影最佳女主角和美国演员工会奖最佳女主角等 17 个奖项。《女魔头》是根据连环杀手艾琳·乌尔诺斯（Aileen Wuormos）的真实经历改编的。艾琳生前是一名性工作者，在 20 世纪 80 年代末和 90 年代初杀死 6 名男子，后于 2002 年被执行死刑。艾琳·乌尔诺斯有极端坎坷的童年，本人是一个令人唏嘘的受害者，为了抓住那一点点渺茫的爱，她躁狂而暴力。她由外公、外婆抚养，但外公、外婆都是酒鬼，外公不仅打她，更多次性侵她。她在 14 岁时被他们家一个朋友强奸并怀孕，不久生下一个男孩。15 岁时，她被外公赶出家，生活在树林里，以卖淫为生。在 14 岁到 22 岁，她曾经 6 次尝试自杀。如果你去研究犯罪案例，会发现罪犯的行为大多与他们内心的创伤有关，他们身后往往有一个可怕而影响至深的悲剧，这些悲剧可能源自他的原生家庭、先辈，也可能源于一些其他的经历。这并不是偶然的，如果我们去觉察自己的无意识，我们会发现许多行为动机并非我们想象中的那样。

关于人的无意识，这是一个非常有趣的话题。在我年轻的时候，对哲学很感兴趣，哲学上关于人性善恶有很多不同的观点。有人相信人性本善，认为善良是人的天性，而邪恶则是后天导致的；也有不少人认为人性本恶。通过深入的冥想，我们能够发现人的无意识实际上是至善的，人的核心动力是爱，正如在本章第一节中阐述的。所谓恶魔也是折了翼的天使，一些表面至恶的人，内在有极大的创伤和痛苦，那些恶不是人性，是内在创伤和痛苦的投射。周星驰导演的电影《西游降魔篇》中玄奘降魔的武器是儿歌，恶魔的内在诉求是安静地在妈妈的怀抱中听着儿歌睡一觉。

正因为人性的善良本质，当我们做了对他人不利的事情时，无意识会产生内疚感。这种内疚感，类似于王阳明所说的"良知"，遮蔽良知可能引发各种奇怪的生理反应，甚至引发一些疾病或者事故等。因此，对他人行善的真正价值不在于是否带来好处，而在于行善本身。所以，如果我们做了对他人不利的事情，不管是出于何种原因，我们的无意识会以某种方式做出反应，寻求平衡，这是我对"因果报应"的理解。"因果报应"是我们自己的"良知"在寻求平衡，也许是通过福报，也许是通过惩罚。这种反应会促使我们重新审视自己的行为。我们在疗愈创伤时，不要再去增添新的创伤，这两者是一样重要的。

疗愈无意识中的创伤、和过去和解，是走向可持续成功和幸福的基础。当然也有创伤很少、非常幸福的人，那就祝福他们！

现在很好

现在很好，能够安于当下，有良好的家庭关系，与伴侣、孩子和父母和睦共处；有坚实的经济基础，衣食无忧；有健康的身体，全身无恙，睡眠良好；内心平静充实，笑容常挂嘴角。现在是未来的过去，现在是过去的未来。只有做到"现在很好"，才能跟过去和解，开启未来之道。

从冥想的角度看，如果能够安于当下，不受过去和未来的羁绊，放下执念，那么也一定在觉察的状态里。关于觉察的具体讨论可以再参看前文的讨论。觉察和当下的关系，理性理解不太容易，真正能体悟到这点，需要练习冥想，本书提供了一些冥想的音频供参考。

未来很好

今天我为家庭服务，明天家人健康和睦，未来生活很快乐、幸福，其乐融融；今天我挣到了钱，也帮助合作者挣到了钱，未来继续紧密合作，持续地发展事业；今天身体健康，保持良好的作息、饮食和锻炼，未来身体也很好；今天内心平静充实，在力所能及的条件下，持续地为他人、为社会、为环境做些善事，未来内在一直充满价值感，平静充实……所有今天拥有的成功和幸福，未来仍可持续，会一直拥有。

坦然离开

全球医学权威杂志《柳叶刀》曾经登载过几篇关于濒死体验

的科学论文。很多有濒死体验的人反馈，他们在濒死的那一刻，一生做过的事像放电影一样极快地闪过，这叫作"人生回顾"，在医学和心理学文献中有大量记载。做善事并非为了让别人看到，而做坏事则怕自己知道，临终前也不会心安理得。《春秋·曾子》有言："人为善，福虽未至，祸已远离；人为恶，祸虽未至，福已远离；行善之人，如春园之草，不见其长，日有所增。作恶之人，如磨刀之石，不见其损，日有所亏。"福祸无门总在心，作恶之可怕，不在于被人发现，而在于自己知道；行善之可嘉，不在于别人夸赞，而在于自己安心，正像王阳明的临终遗言"此心光明，夫复何言"。

后代很好

我们的生存与社会和环境息息相关，我们在追求短期利益的同时，务必要警示自己是否对社会和环境造成损害，是否破坏了整体的平衡。任何失衡的行为最终都要付出代价，可能是即时的，也可能是我们的后代要为此付出代价。然而，如果后代不快乐，我们自己也难以快乐。世界的准则是平衡，我们今天所做的会在明天得到回报，经济学上有一个概念——外部性，指一个人或一群人的行动和决策，使另一个

人或另一群人受损或受益的情况。我们希望我们今天的行动
能让后代受益，而不是受损。因为爱，我们的心与亲人紧密
相连。

如图 4-1 所示，可持续的成功和幸福，是平衡人生的结果。
其中包括收获和付出的平衡、生活和工作的平衡、个人利益
和集体利益的平衡、风险和回报的平衡、短期利益和长期利
益的平衡、个人和社会与环境的平衡等多层次的平衡。拥有
了平衡的智慧和实践，我们就可以获得可持续的成功，疗愈
过往的创伤，与过去和解，让现在很好，未来也过得很好，
临去世时会非常坦然，去世后，后代也将过得很好。

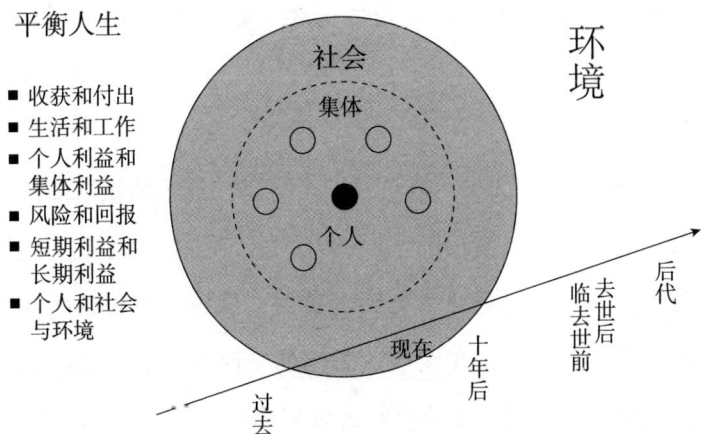

图 4-1　平衡人生

第四节

大道至简：放下执念，无住生心

真正的平衡，实际上是不平衡的平衡，破除执念，心无所住，不执着于任何东西，在万事万物之间流转，与万物联结。不在任何一个点上卡住，让自己失衡，最后方能获得真正的平衡。

《庄子·秋水》一文中，有这样一个故事。连绵的秋雨降落溪流后，溪水暴涨，溢出的水涌入江河。江河被千万条溪流填满之后，又一同流进更为宽阔的黄河，而黄河面对四面八方奔流而来的水流，照单全收。每当这个时候，黄河的河伯总会自鸣得意，蔑视、嘲笑那些流量与他相去甚远的溪河江流。有一天，河伯顺着水流向东而去，一路来到了北海尽头，当他看到大海的那一刻，发现无边无际的大海才是真正的海纳百川，便羞愧不已道："我自认为足够深邃，原来我也只是一条溪流……"

这个故事道出了我们很多人的真实生活状态——我们常常被自己的执念限制住了。执念的视角固定而促狭，我们在自己的小天地里，以为自己看得最清楚，实际上却将自己囿于一种刻板少知的状态。为了证明自己观点的正确而一再拒绝真相，为了自己的立场而争辩不休，看似看见了世界，实则"一叶障目，不见泰山"。

看待同一件事，每个人都会有不同的角度，如盲人摸象，从各自的视角来看其实都是对的。因为客观事物其实是多维的，从不同的角度看它，它展示出来的相是不同的。尼采有句名言："这世界没有真相，只有视角。"苏东坡诗云："横看成岭侧成峰，远近高低各不同。不识庐山真面目，只缘身在此山中。"

同时，每个人都有自己的盲点，总有自己看不到的东西。比如，我们的眼睛就有一个盲点，是视神经接入的地方没有视觉细胞造成的。视神经的起源点是视网膜，而视网膜上的感光细胞接收光信号，并将其转化为神经信号传递给大脑。视神经本身并不包含视觉细胞，它主要是携带这些由视网膜产生的神经信号，将其传递到大脑的视觉中枢。视神经进出的地方，没有感光细胞，不能感应到光线，故称为盲点。其实我们的感知和决策中有很多盲点，自己所在的地方就是一个盲点。人看问题也有盲点，出发点就决定了盲点，只有从多维度、多视角去全面看待，才可能尽量避免盲点。

执念指的是对某种信仰、观念、欲望等的坚持、执着，常常表现为无法轻易放弃或改变的态度。"念"字，上"今"下"心"，今心，现在心之所在，当下注意力之所在。而执念的意思就是心被卡住，无法流动，无法从其他视角看问题，无法看到其他可能性。

各种执念

执念有很多表现形式，下面举一些例子。

我们总想证明自己是对的，尤其是在自己的预期和现实发生背离时，这种内心的冲动尤为明显。有时候，我们在问题基本面上的分析完全合理、合乎逻辑，但现实就是出现了不同的情况，如果我们纠结于此，始终认为自己没有问题，这便是一种执念。因为有不同的思维方式和执念，所以面对变化时会有各种各样的情绪。这些情绪往往会限制我们的视野，使我们只专注于一种可能性。然而，实际情况往往更加复杂。

还有一种常见的情况是，我们常常会选择与内在对着干。例如，为了减重，我们可能会下定决心每天早上 6 点半起床跑步，即使内心强烈排斥，极不情愿。然而，结果又如何呢？有人可能会问，有多少人并非真正喜欢跑步，却能坚持每天去跑步？如果无法做到，可能就会感到非常疲惫。但是，有一些坚持长跑的人，已经将跑步变成了生活的一部分，如果不跑步，他们就会感到不舒服，每天都需要进行这项运动。因此，他们自然而然地坚持了下来，并不需要刻意努力。我们可以从这个例子中获得启发。在很多情况下，所谓的坚强意志往往伴随着内心的斗争。换句话说，通过寻找自己真正喜欢的事情，并且基于这个喜好来行动，就像轻松地旋开瓶盖一样，而不是用力过度。正如苏东坡所言："着力即差。"

我母亲那辈的长辈，往往特别在意晚辈的"吃"，老一辈中国人问好，喜欢说："吃了吗？"去看望他们，他们总是做很多菜，不停给我夹菜，劝我吃，逼我吃，其实我们现在特别怕吃得太多，怕胖，怕肥胖带来的各种健康问题。有次过年去一个亲戚家里，老人家逼着我吃掉一碗汤圆，还加了两个水煮蛋，整个春节感觉都没有消化掉，胃一直难受。他们那一辈，早年经历了饥荒和物资匮乏，劝人吃是爱的最重要的表达，甚至变成了执念。

执念造成的困扰无处不在。我们小区有一位老人，她的几个孩子经济情况良好，因为工作原因都住在外地，他们想为老人找个保姆，但是出了 3 倍的工资，也很难留住保姆，原因也在于老人的执念。比如，在最热的三伏天，上海气温可以连续几天超过 40℃，但老人不让开空调，像防贼一样盯着空调遥控器。老人年轻的时候，可能经历过极端的艰难生活，每一分钱都可能关乎生存。虽然现在环境变了，但是这个执念卡在了她心里，没法改变，无论如何劝说都无济于事，不光对自己的身体造成了额外负担，还给孩子们造成了极大的困扰。

在工作中，很多难以跨过的坎本质上也是执念造成的。比如交易中，过分相信自己的知识和判断也是一种执念。有摩根士丹利的分析师进行过一项研究，结果发现 90% 的年轻交易员首次进行交易时都不愿意设立止损，他们会提出 100 个不设置止损的理由。因为当初进入市场时，他们对交易对象进行了深入的研究，充满信心才入场。然而，到了第二天，情况发生了转变，但很多交易员还是不愿重新审视原先的知识、假设和判断，原先的所知变成了一个执念，让人陷入其中。一般来说，危机常常在初次出现问题、应对失误时进一步放大，越是看不清真实的情况，陷在自己的判断里，越容易出现失误，甚至导致崩盘。

觉察是根本

究竟如何才能破除我们无意识中的执念？

对于局外人来说可能看似简单，但真正要做到，对当事人来说可能是极其困难的。我们或多或少都有一些执念，比如我嗑瓜子时很难停下来，很多人表示也有类似的情况。王阳明说过"破山中贼易，破心中贼难"。在商业、交易决策中，我们也可能会陷入类似的状态，无法轻易摆脱。

我在经过很多年的冥想练习，经历了很多次自身执念的放下，并看着他人执念的放下后，才逐渐坚定地得出一个结论：要放下执念，关键在于觉察。

执念的根源来自无意识，只有当我们觉察到执念的根源，我们才有可能真正摆脱执念的困扰。我在修习觉察多年后，才深刻体会到关键所在，觉察就是改变，这非常奇妙。

"觉察就是改变"，这句话有时让人非常费解。我自己多年的觉察练习，让我深刻体会到其中的妙处。

我们固守的角度，可能在过去某个时刻是正确的，但随着环境的变化，它可能已不再适用。由于无法从多个角度看待问题，我们理解和解决问题的层次就会受到限制。觉察到心中执念的根源，我们才能时刻意识到事物在变化，看到更多的选择可能，并放下执念。很多情绪、很多感受，本身并不是问题，但是如果我们被它淹没了，就无法变换角度去看待问题，这才是问题所在。当我们觉察到执念的根源时，我们实际已经跳了出来，到了一个新的角度，并松动了执念。

本书前文提到的天才交易员，因为父亲是卑微的赘婿，在无意识里产生了羁绊，而他一旦觉察，就产生了质的突破。这里还有一个案例，是我的一个心理咨询师朋友告诉我的。他的一个客户，年近 40 岁，是一位非常美丽、优雅、受过良好教育，很有教养，工作能力很强，收入很高，堪称完美的女性。但让人难以理解的是，她的婚姻充满了失败，离婚 3 次，无子无女，找的男士不光人品不好、能力不强，甚至也不帅、不会哄女生。她找到了我朋友帮忙，我朋友帮她觉察到问题的根源。原来这位女士有一位同母异父的哥哥，英俊、聪明、能干，比她大 10 岁，对她特别好。在她七八岁时，哥哥不幸因车祸去世。她和妈妈特别悲痛，她妈妈和她说了一句："这辈子你再也遇不到像哥哥这么好的男生了！"这句话，她在意识层面忘了，但在无意识层面扎下了一个钉子。她爱哥哥，爱妈妈，她要证明妈妈的话是对的，甚至以自己的生命为代价。在她觉察到问题的根源、看清了无意识里的执念后，她发现她不一定要用自己婚姻的不幸来表达对母亲、对哥哥的爱，而可以用其他方式——更孝顺母亲，给哥哥扫墓……她在觉察后，很快就走出了生命的怪圈，遇到了一段很好的婚姻，生了孩子。觉察就是改变！

我刚开始学习冥想的时候，以为冥想只是带来放松身心的效果，直到后来，我才逐步发现冥想中可以觉察到自己无意识里的很多内容。我在一次冥想中看到这样一个场景：在一间漆黑的阁楼里，一盏小的灯，黄色的灯光在摇曳，除了灯罩下灯光照出的一圈，周围是漆黑的，那是一个幽闭的空间。外面雷电大作，大雨滂沱，我特别恐惧。我突然意识到那是很小时候家里住的阁楼，爸爸妈妈上班去了，把我锁在家里。突然出现雷暴天气，厚厚的云层遮蔽了天日，一下像是到了夜晚。我非常恐惧幽闭昏暗的环境，那个场景对我产生了深刻的影响，虽然多少年来我在意识中完全忘了这个场景，但它实际上深刻地影响着我。我生命中很多莫名的恐惧，让我无法轻松自如地应对很多人和事，都和它有关。后来随着对自己恐惧根源①的觉察，我的恐惧开始减少了一些。恐惧深刻地影响着我们的生活和工作，在金融界中有一句话，"驱动市场的是恐惧和贪婪"。其实恐惧和贪婪都是执念，恐惧时只看到不利的可能，看不到其他方面；而贪婪时，只看到有利的可能，看不到其他方面。当我逐渐放下一些恐惧时，我的生命开始变得松弛，生活和工作的方方面面都有了积极的变化。

---

① 我觉察到我的恐惧还有更深层的其他根源，牵涉集体无意识，超越本书的议题。

这里关于恐惧再多说两句，恐惧的英文是"fear"，可以理解为"false evidence appears real"，即把虚假的证据当真了。再举个关于恐惧的例子。一位女士晚上约了网约车，上了车，刷手机看到了一则新闻，讲的是某位网约车司机抢劫、性侵并杀害了女乘客。看到这则新闻后，女乘客心中充满了恐惧，越看司机越觉得他像歹徒，觉得他图谋不轨，一个眼神、一个动作都不像善类。等司机安全把女乘客送到家后，她回头想想，这个司机其实文质彬彬、和蔼礼貌。实际上恐惧也是一种执念，恐惧会窄化我们的视野，使我们把一个可能性视为唯一的可能性。因此，我们需要放松心态，放下执念，以更全局的角度来看待问题、认识问题，如实地接纳不同的视角。

觉察就是改变，觉察后，心念就有可能流转起来，不再被执念控制。只有真正觉察自己，看清自己深处的无意识，才能够超越执念的控制。另外，觉察还会带来智慧，当你带着觉察，站在更高维度去考虑问题时，一切都是那么清晰，让人豁然开朗。

超越执念

在电影《黑衣人》(*Men in Black*) 中，由威尔·史密斯 (Will Smith) 饰演的纽约普通警察爱德华兹 (Edwards)，在因缘际会之下加入一个秘密组织，成为其中一员，代号 J。J 需要应对的事情是虫族入侵。为此，组织成员需要参加一种练习——在繁忙的街道上用枪去打突然出现的敌人。这种场景有点像我们玩"打地鼠"游戏机，就算你紧绷神经，全神贯注，但总会有几个地鼠没打到。而在这个练习里，J 却做得非常成功。你知道 J 的秘诀是什么吗？是放松，放松后的感知是全息的。当他完全放松时，他几乎能感知到一切。但当人们进入执念时，感知就受限了。

超越执念，就是不在一个念头或任何现象上产生执着，牢牢不放。心这个东西无形、无声、无色，又无处不在，我们与它形影不离，因为它是一个完整的全息世界，可以展开无限的维度和角度。当我们执着在一个角度的时候，实际上就没有办法抓住它的全貌，只有我们不停地去流转所有的事情，才能真正体会到它的全貌。从某个角度看，我们的心在短时间里有了执念以后，就会产生一些困扰。比如说，见诸相非相，即使看《金刚经》本身，也只是个相。那么，相是什么意思呢？比如，你看一支笔，如果光线从侧上方照过去，它投影出什么？一根长实线。如果是竖直着投影下去，是什么？一个很小的圆点。这些都是相，不是它的本体。我们看到的东西，我们听到的话，都不是真正的本体，只是它的相。所以说，我们要明白，我们做的所有的事情、任何东西，其实都是相，不是本体。但把这些相都加在一起时，实际上我们就能够与它的本体在一起。当我们真正明白这些道理时，其实很多事情就都能放下了。

对投资交易的一些思考

在附录中，我想与大家分享我在投资交易中积累的一些心得体悟。我深刻理解到投资交易不仅仅是一项技术活动，更是一门艺术。尽管技术分析、基本面分析等方法对于交易决策不可或缺，但情绪管理和心态调控同样重要，它们是有效决策的前提。而觉察当下，保持中正平衡，又是我们做好情绪管理的重要心法。当然，除了心法，实际的交易技巧也是至关重要的，光有道而无术，不是真正的道。

我是理工男，获得了麻省理工学院的工程学博士学位，在华尔街投行开始了投资交易生涯。我得到了专业交易机构的系统培训，从投资的第一日开始就知道风险管理，"活下去"是无比重要的。后来，我又开始冥想，探索无意识，结果发现读了这么多年书，造成了巨大的"知识障"，要在交易上成功，就必须跳出"知识障"，"为学日益，为道日损"。

在探索交易的过程中，传奇交易者傅海棠给了我大量的启发，我跟着他做了不少调研，也经常见面讨论。他个人做自营交易，与金融机构的代客交易不同，没有大量客户提供的收益，也没有金融机构广阔的信息渠道，但傅海棠取得了惊人的成功，从几万元起家，做到 10 亿元规模的资产。傅海棠有天赋异禀的心理素质，天生的强大情绪管理能力，能保持中正，活在当下。他曾经和我说，"50% 的回撤不算回撤"，他在 50% 或更多的回撤情况下可以保持冷静。他的交易理念更是给了我很大启发。

在这个附录里，我和大家分享我认为交易成功的两个必备因素：活在当下和风险管理。下文将分别阐述。附录里有些故事和内容与前文略有重复，这是为了佐证我的观点，它们也和前文的内容建立了有机的联系。

这里要和读者澄清一下，我个人的自营交易能力尚无法和傅海棠等顶级交易员相比，这里写的是我的观察和思考，大家阅读时切勿把我写的文字当成久经考验的真理，我只是抛砖引玉，如能给读者带来启发，我就非常欣慰了。

第一节

活在当下

我遇到过一个成功的期货交易者，他把交易的精髓认定为"没有信仰"。换个角度说，不管以前如何分析和判断得出某些"信仰"，若当下的情况有异，就要立刻毫不犹豫地放弃。

在市场走势和自己的预判不同时，有些人会认为自己是对的，市场是错的，并不认可市场永远是对的。如果你执着于自己的想法能够超越市场，或者认为市场会错，那就无异于说自己能够凌驾于市场之上。这种态度在交易中是极其危险的，对市场没有敬畏，必将付出代价。如果我们认为市场有时是非理性的，那没有问题，但是市场的不理性不代表市场就是错的。这个世界有时就是非理性的。价格本身有时超越分析，我们必须承认这个现实，虽然我们不理解，但它是真实发生的现实。

我们的信息是有限的，分析能力也是有限的。我们常常以为通过公开信息和自己专业的分析能让自己战胜市场，其实不然。首先，你知道的大家也知道，还总有人更早得知信息，并已经建仓，我们下手可能是为他们抬轿子，提供对手盘，帮他们获利出场。其次，我的看法是，所有的公开信息已经包含在当下的市场价格里，你在分析的时候别人也在分析，别人比你还专业，比你还快，最终才出现了你看到的这个价格。即使是可以在信息公开前获得信息的交易者，由于市场中永远存在着不确定性，也无法确保能盈利。

我自己读书非常多，深知越是执着于通过理论去预判市场，越是期望精确预判未来，就越容易失败。根据本书前面的讨论，所谓理论，是其他人在其他时间、其他场合经验的总结，即使他们总结的是正确的，而且在通过文字把信息传递给我们的过程中没有扭曲，在当下也不一定适用，因为此时此地的情况和形成理论的那时那地已经不一样了。在市场中获得成功，既要借鉴理论以及自己和他人的经验，又要保持"空"的状态，随时看清当下的发生，不为过去的经验和理论所羁绊。《道德经》里说："为学日益，为道日损。"学习的时候学习各种理论和知识，真正操作的时候，需要放下理论和知识中的条条框框。

记得，我博士毕业刚入投行时，我的领导是个顶尖机构的交易员，他非常担心我的背景不适合从事前台交易工作，回头看来，他的担忧非常有道理。我是一个博士，一个"永久性脑损伤"①的书呆子，理论上的条条框框太多。博士会研究一个很小的专业点，挖得深入再深入。1975 年公映的电影《决裂》中，知识分子孙教授研究的是"马尾巴的功能"。在实际工作中，当下纷繁芜杂的现实最重要，想得太多太深会干扰当下的应对。领导问了我一个意味深长的问题："如果邻居家突然着火，你应该怎么办？"我开始思考为什么邻居家会着火，而领导说："当然是跑！"此时，首先要做的不是去想为什么邻居家着火了，是电线短路、煤气泄漏，还是其他，也不是打电话报警，而是跑。

关于当下，我想起教我 10 来岁的儿子打篮球时说的话："当

---

① 英文中博士叫"Ph.D."，有人戏称为"permanently head damaged"，即永久性脑损伤。

你过人的时候，不要预判对手会怎样行动，不要待在自己想
象的对方对你假动作的反应中。放下那些预判，看当下对手
的动作，他向右，你朝左过他，他向左，你朝右过他……"
活在当下，而不是活在自己的预判里！

基本面：真实的第一手信息

在基本面分析中，需要输入的是逻辑和信息。

关于逻辑，通常越简单的常识越靠得住，复杂的理论和推理
则要千万小心。

关于信息，前面说到公开信息的用处是有限的，公开信息每
个人都知道，且已经包含在价格里了，如果预期过了，价格
可能还要反向运动。看涨的基本面，若价格里预期太高，价
格可能反而要下跌；看跌的基本面，若价格里预期太高，价
格可能反而要上涨。加了个人评判的研究报告更要小心，可
以去看研究报告里的事实和数据，而不要过多在意研究员的
判断。此外，对各种"事实"和"数据"要从不同侧面验证，
在报告里写的"事实"和"数据"就一定是对的吗？

很多交易数据的真实度较高，比如每天的价格和成交量等。然而，一旦涉及基本面，尤其是现货数据，数据的质量就相对较差。现货数据存在地区差异和品质的不同，从而导致市场价格差异，而且这些数据分散且复杂，获取全面信息是具有挑战性的。以库存为例，有些库存是可计量的，但有些可能被隐瞒，而库存数据的分散性也很大，如何进行综合汇总是一个难题。因此，在进行基本面分析时，如何确保数据的真实性成为至关重要的问题。

有效的信息往往是经过了多侧面验证的第一手信息。我想到了和傅海棠一起的调研经历。有一次，我们去新疆调研棉花，他始终主张要跑主产区。调研过程中，他要确保对整体情况有清晰准确的了解。我们去了一家轧花厂，有同伴问了很多生产工艺的细节，傅海棠说："这些细节不相关，其实只要搞清楚三个问题就可以了。"我问傅海棠："哪三个问题？"他说："一是亩产，二是种了多少亩。"我问第三个问题是什么？不巧被其他事情打断了，后来他也没有回答，看来也不重要。他关心的是几个全局性的问题，会认真地多侧面核实，他知道很多人会有意无意地误导他，所以一直保持怀疑，他注重的是发现真相。我们那时会一天开车走很多路，看看田地种植情况，随机找三五个人进行采访，不拘泥于特定路线。

他不断地核实，确保所得到的信息和参数是真实的。这种孜孜不倦寻找真相的精神，是他成功的重要原因。

如果是通过调研拿到的第一手信息，而不是公开信息，那么通常它更值得信赖。此外，调研期间的真实感受也有重要价值。比如，有一次，我跟着傅海棠一起去黑龙江调研大豆，表面上大豆长势良好，但是一捏，豆荚是瘪的，傅海棠马上明白了，那年在大豆生长早期，有个倒春寒，豆苗受到了影响。有很多基金通过卫星遥感数据来检测农产品生长情况，但是那一捏的信息是任何卫星数据无法获取的。很多投资界的大佬都大量进行现场调研，很多股票投资者通过走访企业，获得企业的第一手信息，这也是从管理团队等重要因素中获取直观感受。关于直观、非量化信息的价值，后面还要做专门探讨。

技术面：K 线图迷思

K 线呈现的是当下的数据和信息。

所有交易者拿到的信息、各种不同的分析处理、各种交易力量的博弈……都通过买单或卖单，表达在当下的价格里。事件发生的时候，我们往往不知道，要过些日子才能得知，或是永远不为我们所知，但当下的价格已经反映了关于这个事件的信息。

在金融理论研究领域，关于技术分析的研究性文章并不多见。在 K 线图中，即使是最简单的头肩顶形态（如图 1 所示），要在数学上对它进行描述也非常困难。就拿头肩顶来说，我用肉眼可以看出来，头部比肩部高出一些，然而左肩和右肩的高度未必相等，用数学公式来描述非常困难，现实当中的头肩顶不是跟着教科书的理想情况发展的，有各种复合型的头肩顶，不同的高度、不同的倾斜……如果规则定得太细，就无法找到一般规律①；如果定得太粗，则规律准确度不够。你有没有玩过这个游戏，有一个图，你不能看，别人通过语言描述，让你画出那个图，看看你能画到几分像。数学也是一种语言，通过数学描述，能够复原多少原来的视觉信息？视觉信息和文字信息不同，它能超越概念堆积起来的文字信息，

---

① 量化交易中的一个重要陷阱——过度拟合，指过于匹配过去的数据集，由于未来和过去不同，所以无法良好预测未来的现象，这往往发生在参数过多或者过于复杂的模型中。比如，根据大牛市数据设计出来的模型，拟合得越好，越是激进，后来变成熊市，会越激进，损失越大。

前面提到一个观点，概念源于过去的体验，不是当下的，而视觉直观的信息，可以看到当下。看着 K 线，就可以紧紧地跟着当下。

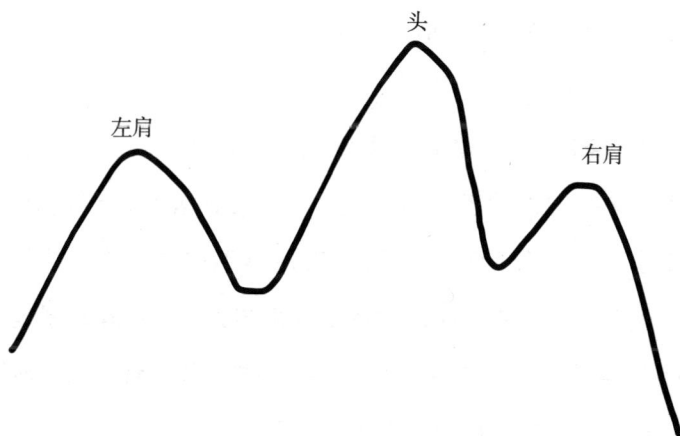

图 1　K 线图中的头肩顶形态

有一位在 CTA[①] 领域非常有声望的朋友说，关于 K 线，你不需要过于深究道理，可以直接把玩，直接体验，直接使用。我深受这句话的启发，意识到看盘过程中不需要过于纠结理论，而要在提升交易直觉上下功夫。这个观点实际上就是我

---

① CTA 全称是 "Commodity Trading Advisors"，即 "商品交易顾问"，一般是指通过给客户提供期权、期货方面的交易建议或者直接通过受管理的期货账户参与实际交易来获得收益的机构或个人。

们前面讨论过的现象学的观点：我们暂时放下任何判断和理论，带着"空"的状态，只是观察和感知。积累到一定程度，看了成千上万个小时，顿悟后会出现一种属于你个人视角的规律，不是任何其他人的、记录在书籍中的规律，但是那个规律会非常有效。换句话说，即出现了"盘感"。

这个方法的一个关键是看裸 K 线，裸 K 线是当下的。我很推崇一个练习：看当下的 K 线。看 1 分钟 K 线，纯粹地看，积累到一定的经验，顿悟后会出现属于你的规律。看的时候，放空自己，放下任何的技术分析知识，忘掉移动平均线（MA）、随机指标（KDJ）、异同移动平均线（MACD）所有这些指标。这些指标中带有不是当下的成分，比如采用移动平均线指标，取多少分钟或多少天的移动平均线呢？不管是自己通过过去数据计算出来的，还是别人根据经验总结的，都是过去的，不是当下的。没有参数的交易系统才是当下的。看 1 分钟 K 线学习到的内容可以同样使用日线级别的 K 线图得到，根据分形理论，不同周期的 K 线形态和走势具有相似性。[①]

---

① 分形就是指几何图形在不同尺度上的重复，显示出越来越小的自相似性图形，小的图形在某一种程度上与整体具有相似性，此规律是自然界中的正常状态。

我曾遇到一个期货短线交易员，每年放二三百万元本金，挣出来一千万元左右。我也认识他的交易启蒙老师，以为他老师教了他什么秘籍，有什么神奇指标或 K 线图形组合。后来和他聊天，得知他在学习短线交易的时候，他老师的教法是给钱让他们去实盘交易，而没有教他们任何技术分析的东西，只是强调二跳^①必须止损，如果做不到，就惩罚，甚至体罚，罚做俯卧撑。这是风险管理，关于风险管理的内容在后一节中我们再讨论。所有的交易方法都是他自己在交易中摸索出来的，他在交易时，甚至连 K 线都不看，只是看实时交易走势图、成交量和持仓量。和他同时训练的有几十个小伙子，只有他琢磨出来了。但是让人惊讶的是，他的交易策略连他也无法用语言精确描述出来，不是他不愿说，是他连一些基本的操作也无法说清。

最后还要简单提一下周期，技术面的一个核心出发点是对价格周期性关注，看 K 线时需要多周期综合来看。周期的范畴非常多，如生产周期、商业周期、技术周期、美联储加息周期、文化轮回周期、经济周期、康波周期、农业周期、人口红利周期、全球流动性周期、金融资产配置周期、大宗商品

---

① 某个交易品种的最小价格变动单位称为一跳。

周期、政治周期、全球失衡周期、全球贸易周期、互联网进阶周期等，不一而足。其实我们所有市场的价格波动，都有周期性。有些人提倡趋势交易，它本质上是更长的周期而已。世界上的事物通常都是周期轮回运动的，正如阴阳转换一般，这是古人留给我们的智慧。

经济周期一般分为三类，除了长周期，还有中周期和短周期。长周期一般关注长期结构性变化，如技术创新、人口变化、制度改革等对经济的深远影响。中周期一般着重关注宏观经济政策、商业周期、投资周期等对经济产生的中期波动影响，比如美联储的调息周期。还有短周期，主要关注短期内的经济波动，如季节性波动、短期供需变化等。市场情绪也是造成短周期波动的一个主要因素，且波动一般非常大，大家可以参考期货的价格。在市场平稳时，价格通常不会在一两周的时间内发生很大的波动，但是一旦受到市场情绪影响，价格变化可能翻天覆地。在这类短周期波动中，市场情绪会产生重大的影响。

市场短期的波动，主要是投资者的情绪变动引起了市场的情绪变动，如果能够有效地把握市场情绪，那么也会是非常有效的。怎么辨别市场的情绪呢？有几个广为人知的征兆：当你在路上碰到出租车司机都在讲股票、水果摊上的商贩都在看股票时，市场一定是情绪非常亢奋的。所有的人都看到了这个股市能挣钱，这个时候就是很强的见顶信号，贪婪的情绪也随之而来。相反地，什么时候见底？通常是所有人都感到绝望的时候，这才是真正的底。当然，感知市场情绪的方法有很多种，可以看报道，可以感受市场上其他交易者的情绪。还有一种看法，当正面消息出来时，市场还在往下走，说明这个市场是悲观向下的；当负面消息出来时，市场还是往上走，说明市场是乐观向上的。有一句话说，"市场总是往阻力最小的地方运动"，其中的能量包含了情绪的影响。

盘感

盘感是什么？盘感是理性无法解释的直觉部分。

在索罗斯自传《索罗斯谈索罗斯》（*Soros on Soros*）一书中，索罗斯写道："我大量依赖'动物本能'，当我在积极管理基金的时候，我背痛。我把剧烈背痛的开始，作为投资组合中出了问题的迹象。背痛不会告诉你什么东西错了——比如，腰痛代表空头仓位，左肩代表外汇仓位——但它促使我去检查……"

很多人可能会忽略直觉本身也蕴含了大量信息——无意识精炼的信息。在投资交易中，一个最为实用的方法是将理性和直觉融为一体。直觉非常迅速，而理性则要经历缓慢的思考分析过程。直觉告诉我们做或不做、对或不对的方向性答案，理性则分析具体的执行原则，包括进场原则、风控、止盈等，两者结合起来就能够帮助我们抓住市场中稍纵即逝的机会。理性让我们保持冷静和清晰的思路，直觉则允许我们自由发挥。理性加上直觉，就能形成系统性和应变性之间的互补，在冲动时保持理性，在理性中快速判断机会。

国际投行招交易员和国内的选人原则有些不同，它们往往喜欢招运动员，而不是理工科学霸。运动员身体好，情绪稳定度往往和身体状态有关，更重要的是运动员往往更有觉察，直觉感受力更强。有个说法，冲浪运动员经过培训，成为优秀主观交易员的成功率较高，冲浪中培养的直觉在金融交易市场上也有用。

直觉如何与决策关联？具体如何操作？有一个简单的原则：理性觉得对，直觉觉得不对的不做；直觉觉得对，理性觉得不对的不做。少做并不会有问题，世界并不缺少机会，少踩坑更重要。

我们常说，要听从内心的感受来做决策，但是很多人并不容易感受到自己的内心，通过冥想或者类似的练习，大家或许可以逐渐体会到这一点。苹果公司的创始人乔布斯进行过很多次冥想，他会让团队成员制作各种原型机，然后在冥想中做最后的决策。他通过冥想进入一种状态，然后直接感受哪个选项更好。虽然乔布斯在做决策前进行了大量细致的分析，但最终他还是需要借助自己的感觉来做出决策。

培养盘感最直接的方法其实是观察价格本身，感受市场的变化。我的观点是，先纯粹地感受市场，等积累到一定的程度再去借鉴别人的经验。阅读他人的书籍，带来先入为主的印象，可能会阻碍我们直接、真实地观察市场，因为书中介绍的模式和方法，可能会妨碍我们对市场的本真感知。我家离海边不远，故而时常能够饱览无边海景，海浪起伏不定，很难在短时间内确定是涨潮还是退潮。然而，随着时间的推移，虽然波澜不断，但在一定范围内，涨潮时海水逐渐上涨，而在退潮时则逐渐退去。观察海潮微妙变化的最佳方法是仔细观察海水本身，譬如以一块石头作为参照标志，再观察水位的变化，只要耐心等待，是涨是落，总是有迹可循的。与之类似，金融交易最为有效的方法依然是深入观察市场本身。

谈到盘感——交易中超越理性的感性成分，一个有意思的问题出现了：随着人工智能和大数据技术的迅速发展，是否人工智能和大数据技术可以发展出盘感？换言之，人类的感性最终可以完全由人工智能复制甚至超越吗？而人工智能是人类理性的伟大成果。很多朋友倾向于认为大数据和人工智能是全知和全能的，会取代人类。虽然在很多领域，它正在翻天覆地地改变人类的生活，但我的看法是，人工智能和大数据技术是有其局限性的。2024 年 4 月，我和我的一位顶尖数学家朋友打了个赌，每年赌 6 瓶香槟。作为主观交易员的我，如果上一年我没有依赖人工智能算法的优势，结果挣不到钱，没有出路，只能离开市场，那我就输了。

本书前文提到有人这样比喻人类的前进：一个盲人在开车，一个视力正常的人坐在边上，但他是看着后窗，看着开过的路，指导盲人开车驶向前方……这里隐含着一个结论，如果未来的路和过去的路一样，通过他人看着后窗的眼睛，盲人还是可以有效开车的。但是，如果未来和过去不同，那就麻烦了。

正如上面所说的，盲人根据过去驶过的路，驶向未来。我们理性思考的过程，实际上是将不同的概念进行不同的排列组合，而概念是来自过去的，所谓的理性思考实际上还是在过去的基础上进行的。所谓对未来的演绎和分析也是把过去的事情重新排列组合，而不是真正地未来预测，如果我们能够清晰认识到这一点的话，就会发现，人工智能和大数据的工作原理也是如此，它是在过去的数据和算法基础上运作的。

人工智能有效性的前提是未来和过去一样，数学上可以大致描述为平稳随机过程，即未来的概率特征和过去的概率特征保持一致，没有变化。比如围棋、国际象棋和得州扑克等游戏，人工智能能轻松战胜人类；在人脸识别、语音识别、自动驾驶等很多领域，人工智能也有广阔的用途。但在未来相较于过去会发生根本变化的环境中，或可大致描述为非稳态随机过程的环境中，人工智能会遇到巨大挑战。例如，我和人工智能玩麻将，打的是四川麻将，然后在某一个时刻突然规则改为上海麻将，这时人工智能能打赢我吗？在规则频繁变化的情况下，人工智能的表现将受到挑战。在很多年前，谁能预测特朗普当选？谁能预测新冠疫情暴发？谁能预测俄罗斯会与乌克兰发生冲突？资本市场中的交易面临的是非稳态随机过程的环境，看着过去开过的路，开着面向未来的车，在高度非稳态环境中会非常困难。

我曾邀请著名 CTA 基金元盛（Winton）的创始人大卫·哈丁（David Harding）来上海高级金融学院讲课，元盛是世界著名的量化基金，最高管理规模曾经达到 270 亿美元，是量化CTA 领域的开创者。大卫·哈丁是物理学家，元盛雇用了许多一流的数学家和物理学家。那天大卫·哈丁的演讲主要是关于大数据和寻找脉冲星，很少谈到交易和投资。当送他离开时，我问了他一个根本性的问题："您是通过大数据从四面八方来寻找脉冲星，还是您大概知道脉冲星在哪个方向，再通过大数据在那个方向找？"他回答道："当然，我大概知道朝哪个方向找！"这个回答有重要的隐含意义：理性的大数据算法后面也离不开人的直觉，即大概知道在哪个方向。

那天，还有一位听众问了大卫·哈丁一个问题："如果您的量化策略连续 5 个星期都输钱，您怎么判断是策略有问题，需要调整了，还是坚持下去，它会赢回来？"大卫·哈丁的回答是"Faith"——信仰！任何理性的科学策略后面，总有感性的直觉成分。

最后，还要强调一点，人类有感知正在展现的未来的能力，这不是通过思考达到的，在当下，我们可以感受到未来正在向我们展现的方向。大家有没有这种体验：我们在开车的时候，前面的车有换道的意向，在它将动未动之际，我们可以感受到。这是超越思维的。前文提到索罗斯在交易中会依赖"动物本能"。有些朋友感受得到这种感知正在展现未来的能力，有些朋友则没有感受过。冥想是非常有益的练习，前文提到的看 1 分钟裸 K 线也是一种有益的练习方法。

耐心

"耐心比金子还可贵"，这是傅海棠多次和我说过的话。

其实做交易，一年之内只需抓住一两波大的机会，收益就可以非常可观。很多时候，频繁操作反倒是没有意义的，有效地提高交易准确性以寻找相对确定性反而更为重要。没有把握而屡次出手，不如在有把握的时候去做一把大的。因此，与其在不确定的情况下采取行动，盲目行动，不如保持耐心，在有把握的情况下果断出击。

耐心说起来很容易，但是要坚持做到却是如此之难，所谓知易行难。这一方面和天生的性格有关系，另一方面也和后天的历练有关。傅海棠的耐心是非常好的，没有机会的时候，他岿然不动；一有机会，他便果断出手，自然而然，又合乎情理。比如，有几年很多人认为橡胶这个品种有大机会，忍不住就出手了，几把下来钱亏掉了，信心也没了，真正有机会的时候，却没有资金了。

《庄子·达生》中有一个著名的寓言故事叫《呆若木鸡》。纪渻子为周宣王养斗鸡，过了一段时间，周宣王问，养得怎么样了？纪渻子回答说，那只鸡已经装腔作势、神态倨傲了，但还没训好，回去还要继续训练。再过一段时间，这只鸡看上去盛气凌人，威武矫健。然而，纪渻子仍然认为这只鸡不够好，不能上场，还要回去继续训练。又过了一段时间，那只鸡风格突变，如木鸡一般，一动不动。这时，纪渻子认为这只鸡已经训练好了，可以上战场了。后来这只鸡果然成了斗鸡之王。训练斗鸡的过程实际上与期货交易的过程并无二致，许多人可能不理解其含义，其实，故事推崇的是一种"不为内心所动的平衡状态"。"呆若木鸡"可以让我们更好地理解、领悟"中正"状态，它达到的外在效果就是无比耐心。

我自己就有过类似的亲身经历，因此我能深刻理解为什么保持呆若木鸡的状态，实际上就是一种平和中正。对于生活工作中的决策，特别是对于交易投资来说，中正是非常理想的状态，我还看到有文章说律师的最高境界也是"呆若木鸡"。我小时候曾去亲戚家小住，目的是帮助他家的孩子提高学业成绩。那时候，这个亲戚的生意做得如火如荼，家中养了一大缸各色品种的热带鱼，像金龙鱼、银龙鱼等不常见到的品种都有，这些鱼都十分凶猛。在这缸热带鱼里，有一条鱼给我留下了深刻的印象：这条鱼瞪着大大的眼睛，不管少年淘气的我如何在鱼缸外面挑动它，它始终瞪着眼睛，一动不动。在亲戚家居住的一个月里，我从未看到这条鱼动过。后来亲戚经商失败，那缸热带鱼无人照管喂食，只有一条鱼存活了下来，就是那条一动不动、始终呆若木鸡的鱼。后来我查阅资料，才知道这条鱼是巨型黄腹食人鱼——亚马孙河里的终极杀手。如果读者有兴趣的话，可以去水族馆看看，这种鱼表现出来的呆若木鸡的状态，实则是它在残酷的环境中展现出的极强的生存能力。经过多年金融市场的历练，我逐步体会到"呆若木鸡"的妙处：没有把握时一动不动，保存力量，等待时机；有把握时，一击必中！

赚快钱的人最终赚不到钱，因为这样的人缺乏耐心。其实，不仅限于交易，很多人拼命找机会去做事，但如果每次都做错，很快他的资金、信心就都没了。正如巴菲特所说，股市是一台转移财富的机器，是那些没有耐心的人将财富转移给有耐心的人。

只有耐心等到真正有把握的投资机会到来，才能采取果断的行动。但是，在现实交易中确实很难做到耐心和果断相统一，往往是在实践中付了大量学费以后才能学会，不过，我们也可以用一些方法来练习。比如，我们可以用拍摄老忠实喷泉——美国黄石公园里著名的间歇泉的方法来练习，也可以在心中做个想象练习来类比。这眼泉每隔65分钟喷发一次，不知道老忠实喷泉上一次喷发的时间，也就不知道下一次喷发的时间。我们准备好相机，只拍一次，看看能否拍摄到喷泉的完整喷发，记住宁可错过，也不要踩错节奏，只拍一次，只有一次机会。其间，有很多次假喷发，冒出些水，似出非出，但是没有真正喷发起来。怎样能够拍摄到真正的喷发？非常重要的就是耐心，另外是伺机果断出手。其实不管是交易、商业，还是体育、军事，真正决定成败的，就是在那关键的几分钟里有没有能力顶上去。而机会没有出现时，过早出手，会浪费自己的资源，暴露自己的弱点，让自己陷入困境。呆若木鸡的故事讲的就是这个道理。

要真正做到耐心和果断统一，我们需要全然活在当下，不被个人的贪欲或恐惧所左右。贪欲或恐惧背后的东西不是当下的，驱动贪欲的是一种有利的未来情况，但这只是众多未来可能性中的一种。驱动恐惧的是一种不利的未来情况，这同样只是众多未来可能性中的一种。只有当我们全然活在当下，才能真正做到耐心。

第二节

风险管理

记得我刚加入摩根士丹利时，招聘我的摩根士丹利全球管理委员会成员、亚洲固定收益部总经理刘嘉凌先生第一次见我，便给我上了交易的第一课，也是最重要的一课。他给我布置了作业，让我研究一下杰西·利弗莫尔和威廉·江恩（William Gann）的生平，然后让我和他讲讲两个人不同命运的根本原因。利弗莫尔传奇而悲剧的一生，我在第四章里做了介绍，而江恩也是一位著名的投资者，他的交易天赋不及利弗莫尔，他的技术分析理论让人不明所以，但是他拥有善终的人生。我读了讲述利弗莫尔一生的《股票大作手回忆录》（*Reminiscences of a Stock Operator*）和江恩的作品《华尔街45 年》（*45 Years in Wall Street*），并研究了关于他们的其他资料。两周后我给刘总发了一封电子邮件，总结了他们命运不同的根本原因，只有四个字："风险管理"。

刘总后来还推荐我看了一本书——杰克·D. 施瓦格（Jack D. Schwager）的《金融怪杰》[①]，施瓦格采访了17位顶尖交易员，他们有不同的人生轨迹、不同的性格特点、不同的交易方法、不同的投资标的，但都获得了巨大的成功。他们的交易特点如此不同，很难概括，唯一的鲜明共同点是，他们都把风险管理放在首要位置。

有人采访巴菲特，问投资成功的最主要的因素有哪些，他回答说，成功的秘诀有三条：第一，尽量避免风险，保住本金；第二，尽量避免风险，保住本金；第三，坚决牢记第一、第二条。

活下来

成功的投资者一定是活下来的投资者。

---

① 英文书名为"*Market Wizards*"，"*Wizards*"的意思是奇才，翻译为"怪杰"其实不太贴切，这些奇才们不一定怪。

大家一般认为，金融交易者是靠冒险去赚钱，这种说法不能说错，但是你要有本事承担重大风险。其根本是要有极强的风险管理能力，而不是人们一般认为的有极强的预测能力，看得奇准，绝不走眼犯错。

巴菲特在 2014 年致股东的信中说："即使有芒格的筹划，我自从 Waumbec① 之后还是犯了很多错误。其中最恐怖的是德克斯特（Dexter）制鞋公司。当我们在 1993 年购买这家公司的时候，它有非常好的业绩，从任何角度看都不像一个被人丢弃的烟头。"但是，一切很快变化，超越了巴菲特的预期，由于国际竞争，德克斯特的优势很快就荡然无存，最后股价跌到了接近于 0。巴菲特继续写道："这是一个财务上的灾难，可以记入吉尼斯世界纪录。""我用伯克希尔的股票，而不是现金，购买了德克斯特制鞋，这些股票现在大约价值 57 亿美元。"

没有人不犯错，关键是犯了错，还能活下来，还能够把本翻回来。有些人可能运气比较好，比如，买到一只好的股票，一下子可以赚很多，但是下一次再出手，如果没有进行很好

---

① 一家纺织公司。

的风险管理，也可能把之前的盈利全部输掉。香港人有一句话，"赢，赢一粒糖；输，输一家厂"，很多时候赢的是小钱，输的可能就非常多。最重要的是，要让自己不出局。风险管理能让自己活下来，"留得青山在，不怕没柴烧"。这才是成功的根本之道。

如图 2 所示，我们来看看下面一种投资测试。99% 的可能是投资回报率翻倍变成 2，但始终有 1% 的概率变成 0，假定每次投资后，都把挣来的钱继续投资，最终的结局会怎样？答案其实很清楚，一定会输光。因为反复做下去，虽然 99% 是翻倍，迅速积累财富，但始终有 1% 的可能变成 0，只要变成 0 了，不管前面翻了多少倍，永远是 0。如果一直反复投下去，总有一天要翻船。

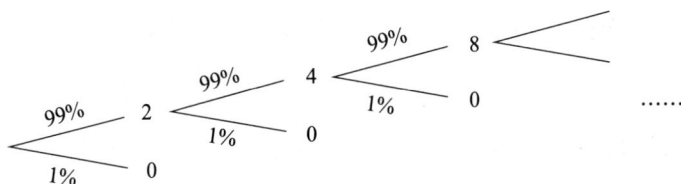

图 2　投资测试

风险管理的出发点就是活下去，避免投资变成 "0"，无法翻身。市场不是我们可以完全理解、完全控制的，总有意外，小概率事件会发生，在那个时候，我们一定要能够活下去，不变成"0"，所谓"留得青山在，不怕没柴烧"。

记得有一次，我和傅海棠一起吃饭，有个朋友问他："如果……，会怎样？"他回答："没有如果，如果……我就没了……"傅海棠常说交易必须有确定性，而一些交易者认为金融市场上没有确定性。其实他们没有理解傅海棠所说的确定性，他说的是主观的确定性——把握，自己要有极大的把握才出手，不是很多人认为的外在的确定性、结果的确定性。在考虑入场时，如果没有足够的把握，不要轻举妄动。即便有把握，也并不意味着一定能够获利，外在各种不确定因素没有人可以预测，外在结果的确定性不存在，所以要进行有效的风险管理。傅海棠的风险管理做得很好，他从天赋和经验中获得的止损和仓位管理方法符合数学和金融学的结论。当他发现外在的反馈与原来的判断不同，内在的确定性没有了时，他就可能非常果断地止损出场。他的确定性是内在的、当下的，当有新的情况、新的外在因素出现时，他很快就会放下这个确定性。

止损

只要是带杠杆交易，比如期货期权交易^①，就必须止损，如果不能止损，就不要去交易。止损不是关于对错的，是关于"活下去"的。由于带杠杆，即使长期观点是对的，也有可能在短期波动中爆仓，死在山坡上。我认识很多成功交易人士，他们风格各异，有的甚至能够承受大额亏损，但是他们都能够牢牢把住不被淘汰的底线，始终生存下去。其中一个关键就是止损，止损是必须执行的策略。

2008 年，我在摩根士丹利（香港）工作时，有一次去北京给一家大银行讲期权。外资银行对着装的要求非常严格，不管在什么场合，衬衫领带都必须穿戴整齐。讲课那天天气非常炎热，预报的气温足有 39℃。我一早乘坐飞机由香港飞到北京，那时没有打车应用软件，我从机场出来后排队打车，来了一辆夏利车。不知道读者是否还对那个时代的夏利车有印象，非常小，动力弱，一开空调，车基本就跑不动了。上车之后，我马上系上了安全带。

---

① 股票交易是否必须止损？如果没有杠杆，没有借别人的钱投资，或者不是管理基金，没有外部强制平仓线，理论上可以不设置硬止损线。但是，如果确认看错了，还是需要止损出场的。

司机笑着告诉我："没事的，您不用系安全带，我开车非常稳的。"我说："不是不信任您的车技，是万一出车祸，系上安全带据说可以减少50%的死亡率，很多伤亡是脑袋撞在前窗或人飞出去造成的。我这辈子不希望安全带真的起作用，但是我上车就系上，和相信不相信师傅的车技没有关系。"司机又笑了："很少有人系安全带，特别脏……"

那时，内地人系安全带的习惯较少，这条安全带非常脏，加上天热出汗，我的白衬衫上有一条黑色的斜印。那天我来不及去换衣服，也没有带其他衣服，原准备当天往返的。我直接到银行去讲课，用白衬衫的黑印子举例，现身说法地介绍交易中的风险管理和止损。止损的目的就是在极端情况下保证自己能够生存下来，这是初衷，与其他无关。

我又想到另外一件事，我曾经遇到一个朋友，是一家食品公司的大公子，也是继承人，他们公司为了降低价格波动的风险，决定开始涉足期货市场，特别是玉米和豆油期货，希望通过期货市场的操作来保障原材料的成本。有一年，他做了红枣期货，正好是在红枣市场出现巨大波动时，他硬顶了过来。我对他说，你顶过来对你不一定是好事，因为这样的决

策会对你的交易产生长期影响，你这次顶上来了，下次可能
就会再顶，一次、两次、三次……总会吃亏的。而且，越往
后问题越大，因为可能随着你尝到甜头，你的仓位会越来
越大。

专业的交易者都知道止损的重要性，但是做起来又是如此之
难。因为有了头寸，就相信自己看多或看空的方向，往往想
着顶一下就调回来了，我也有过很多止损后市场立刻回头的
郁闷以及揪心的经历。止损的感觉有时像把装着亲生儿女的
水盆倒掉。能真正做到果断及时止损的，除了极少数天赋异
禀的交易者或者有外部风控的，大部分人就像亲自被电到后
才会明白插座里有电的孩子。

具体止损的做法可以根据数学或统计的推演、基本面情况的
根本变化、技术走势的变化等进行，各有不同的视角，这里
不一一介绍了。

我个人的感受是，要真正做到及时止损，至少需要经历一个
完整的周期，有 10 年及以上的各种市场的经历，否则都只能
算是纸上谈兵。没有实际仓位的体验是无法真正理解的。即

使是天赋极高的人，像西蒙斯、傅海棠这样的投资大佬，也花了 10 年的时间才成了顶尖的交易者。大多数人一辈子也难以达到这样的高度，但我想强调的是，要想真正理解这些事情的本质，需要深入体验自己的内在感受。对于我们大多数人来说，要真正学会止损，不仅需要知道止损的原则，还需要付出真实的代价，体悟才能真正掌握。

最后的话

以上内容并没有系统地介绍技能，掌握技能说重要也重要，说不重要也不重要。一方面，技能的确能够给我们未来的工作带来帮助；另一方面，技能是否真的有科学性，具体有什么作用，则需要看我们具体怎么去理解和应用。我的观点是，在保持一定的理性之外，必须要有相应的感性。如果感觉某件事情不对，就不要去做。简单的原则可以帮助我们避免许多坑，避免进入错误的路径。当然，每个人与直觉的连接程度不同，有些人的连接强，就更准确；而有些人的连接可能不好，就不一定太准确。冥想练习可以帮助你连接无意识，提升自己的感性，提升直觉力。

另外，关于交易决策中的情绪管理内容，我在前面的章节中已经有详细的论述。保持中正的态度、拉开情感距离，以及调整状态都是交易中非常实用的方法。

最根本的，决策的状态比决策的内容更为重要。我会确保在平静的状态下做决策，因为在不平静、有压力的状态下做出的决策往往会出现问题。例如，当我感到有压力时，我首先会选择休息和睡觉，第二天早上精神饱满时再做决策。

最后一点是，许多问题在低维度的表象上看起来是冲突的，但在更高维度的层面上，或者另一个视角下，实际上是一体的。当我们在做决策时，如何将自己提升到更高的层面是关键。某些问题在它们发生的层面上无法得到解决，只有提升到更高层面才能找到答案。因此，如何在更高的层面上解决问题是决策中的一个重要因素。

最后，希望大家在阅读本书后，能够对交易、对生活中的决策有新的认识，祝诸君开卷有益，收获满满！